刘琳琳◎著

不简单的三字经

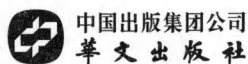

中国出版集团公司
华文出版社

图书在版编目（CIP）数据

不简单的三字经 / 刘琳琳著. — 北京：华文出版社，2018.10
ISBN 978-7-5075-4930-0

Ⅰ. ①不… Ⅱ. ①刘… Ⅲ. ①古汉语—启蒙读物 Ⅳ. ① H194.1

中国版本图书馆 CIP 数据核字（2018）第 123855 号

不简单的三字经

著　　者：刘琳琳
选题策划：爱吉时教育
插图设计：王伟平
责任编辑：张明华
出版发行：华文出版社
社　　址：北京市西城区广外大街 305 号 8 区 2 号楼
邮政编码：100055
网　　址：http://www.hwcbs.com.cn
电　　话：总编室 010-58336239　　发行部 010-58336267
　　　　　责任编辑 010-63421256
经　　销：新华书店
印　　刷：北京欣睿虹彩印刷有限公司
开　　本：710mm×1000mm　1/16
印　　张：15
字　　数：210 千字
版　　次：2018 年 10 月第 1 版
印　　次：2018 年 10 月第 1 次印刷
标准书号：ISBN 978-7-5075-4930-0
定　　价：36.00 元

本书若有印装质量问题，请与发行部联系调换

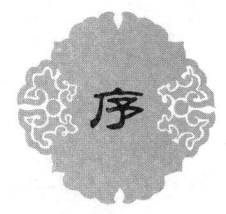

序

《三字经》是一本少儿启蒙读物，虽不是课本，以前却是用作教材的。二十世纪新学校兴起后，基本上不用了。但在一些较偏僻的乡镇，还有私塾存在，《三字经》《百家姓》《千字文》《幼学琼林》《增广贤文》《声律启蒙》等，还是启蒙学童的读本。即使是在新学校读书的孩童，《三字经》对他们来说也是不陌生的，因为家长会让他们在家习读。我的父辈以上的人，只要进过学堂，《三字经》等都是背得滚瓜烂熟的。其实，没有上过学堂的也能会不少。旧学堂念书不是像说话那样地念，而是唱，拖着长腔，摇头晃脑。从经验上说，唱出来的比念出来的好记。学堂外面的人久而久之也就听熟了，加之内容通俗易懂，便也很难忘掉。还有一个原因，上面那些读物，除《幼学琼林》为骈文外，几乎都是用韵文写成的，读起来朗朗上口（骈文读起来也是有节奏感的）。通俗易懂加上朗朗上口，不用费什么脑子就记住了，所以学起来也就有兴趣，不是枯燥无味。启蒙的最初几年，先生只是让你背，不断反复，巩固记忆，开讲是以后的事。这些韵文对孩子们来说，开始是似懂非懂，即使先生不开讲，待年纪渐长，大体也能明白不少。有这些韵文做底子，学写诗的途径便通畅很多。我小时上的就是半新半旧的私塾，上面那些启蒙读物也念过一些，现在想来，还真是受益多多，比如繁体字书写，比如《百家姓》中一些冷僻姓氏的准确读音，比如对旧体诗的爱好，都是那时功课打的基础。

《三字经》成书于宋元之际，迄今流传了近千年。近千年的传播中，说它妇孺皆知一点儿也不为过。它在儿童早期教育中，甚至说在文明的延续中所发挥的作用，真的是很大很大。"经"即经典之谓。三字之"经"，已足以说明它的历史地位。中国古代有五经，十三经，还有一些被称之为经的典籍，如《水经》《茶经》《孝经》等等，都是表明它们的权威性。区区一千多字的《三字经》有此地位，亦当是实至名归。首先，《三字经》三字一句，句式最短。其他启蒙读物则四言、五言、七言或长短句。三字一句，好读，易记。其次，它包罗甚广，文史哲，天文地理，礼仪道德，修身立志，等等，不一而足。它留存在少儿原初的读书记忆深处，最是不易遗忘。因不易遗忘，故能在其后来的人生中，总能或隐或显地发挥着作用。

　　刘琳琳先生将《三字经》进行了详尽的解读，着实下了一番深入的功夫。正如大家所知，《三字经》不在正规的小学教育内容里面，但人们却发现，《三字经》的内容并未随着现代教育的兴起而过时。在"国学热"的大背景下，《三字经》日益广泛地走进家庭教育，纳入课外辅导学习之中。《不简单的三字经》的出版，适时地迎合了年轻家长、课外辅导老师的需要，大大便利了他们引导少儿们如何正确理解《三字经》的内容。其实，这里面还藏着一个重要的出发点。那就是，在当今这个完全有别于传统社会的新时代，应当如何从过往的经典中汲取真正的营养。对过去的经典，不仅在字词句上要准确解读，而且要进行正确的现代阐释。只有正确的现代阐释才能矫正曾经的偏颇与偏执，才能有良好的家庭传统文化教育，比如像"忠孝节义""仁义礼智信""修身齐家治国平天下"这样一些概念，给予符合本义又具时代精神的阐释，才正是中华优秀传统恰当的传承。从这本书中，我们能真切地看到作者的拳拳之心。

　　是为序。

查振科

2018年3月22日

前言

从古到今，教育都是个大问题。

如何能让一个不谙世事的孩子懂得自然、人伦？首先要有教他们学道理的人，那就是父母和老师。还要有优秀的学习内容，以及合适的呈现形式。过去八百年间，把此二者融合得最好，也是应用最广的，无疑就是这一部《三字经》。

在一代代的流传中，《三字经》屡被增删，形成了众多的版本，其中以章太炎先生修订的版本最为人熟知。本书所依凭的，是更接近于原作的明末版。因为它简洁流畅，易于诵读。

《三字经》所属的蒙学，现在被归于"国学"范畴。国学这个概念自清末以来，忽大忽小，忽冷忽热，似乎人人都懂却又常常语焉不详，借此篇幅，略述一下我的国学观。

一、为什么要学国学

首先，我们来回答一个问题：什么是国学？

这个答案可大可小，可详可略。从国学这一概念提出的历史背景开始讲起，将它一百年来内涵的发展、覆盖的范围梳理总结一番，再把国学所涵盖的门类逐一简述，恐怕没个三五年说不清楚。而对于准备入门的学习者来说，一句话就够了：国学就是关于中国和中国人的知识。

这一句话也正是我们第二个问题的答案。为什么要学国学？因为我们生在中国，踩着祖先们踩过的土地，呼吸着祖先们呼吸过的空气；因为我们是中国人，虽然衣服不再峨冠博带，吃的也不再是简单的羹汤六谷，但是黄皮肤黑头发黑眼睛却从未变过。那么，我们有什么理由不去了解国学呢？

或许你会说，国学是高端人士的精神追求，我一介匹夫，不学也没什么关系；或许你会说，国学又不能给我带来直接的实惠，不学也没什么不可以。如果那样，你将会没有行为的规范，没有人生的目标，甚至不知道自己是谁，从哪里来，到哪里去，在全球化的今天，无法回答这样的问题：你凭什么说自己是中国人？

从实践层面来看，国学对于当今的中国人也是十分重要的。

第一，思考方式的丰富。

从小到大，我们的成长其实是由一个又一个的问题所组成的。要不要吃奶嘴？怎么能不尿床？学习有什么用？如何面对父母与朋友？我的工作为何总是不如意？……

曰仁、义、礼、智、信，此五常，不容紊。健全人格必需的"五常"中，有一条是"智"。人要学会思考，善于思考，用理智而不是冲动去解决问题。国学中有一科是历史，上下五千年的成败得失供我们参考，总比我们空空如也面壁苦思有意义吧。曹冲是怎么称象的，司马光砸缸是不是最佳选择？这都是直接有益的借鉴啊。

国学中还有大量的哲学启迪。庄生晓梦迷蝴蝶，换一个角度思考是不是另一种风景呢？买椟还珠，我们如何找准主要矛盾？南辕北辙，丰富的物质储备不一定能带来成功。山重水复疑无路，柳暗花明又一村。沉舟侧畔千帆过，病树前头万木春……

第二，处世方式的指导。

不管孩子还是成人，都生活在一定的社会环境和自然环境之中。选择和适应这两个词，很值得我们琢磨。过去以君臣、父子、夫妇的关系为三纲，这是中国人数字崇拜的一个体现（早慧的民族多有数字崇拜现象），实际上我们需要寻找并遵循的"纲"远不止三个。纲的本意是提网的总绳，其实就是一个点，这一个点和网的任何部位都有联系，找到它就可以轻巧地使所有绳结形成合力，找不准就会把网里的东西一股脑儿撒出来。

我们和身边的人，居住的社区，所做的事业，乃至自然天气，无不需要对"纲"的位置有一个准确的判断，才能和所处的环境取得和谐的关系。

富则兼济天下，穷则独善其身。想有作为的人，可以未雨绸缪，可以韬光养晦；不喜扰攘的人，可以梅妻鹤子，泛舟五湖。君臣相处，要注重一个义字；父子之间，要保持亲近；夫妇之道，则莫贵于顺。

现在许多人热衷于两件事：美容和养生。其实天命有常，人为的努力很有可能有悖天道，适得其反。山花烂漫，岂是自己装扮的结果？如果费尽心机，强行延长花期，那又会错过秋天的硕果！至于养生，大家最熟悉的莫过于吃什么可以有什么功效，练什么可以益寿延年。可吃也吃了，练也练了，身心俱健的长寿者越来越难得一见。日有昼夜，月有盈缺，一年四时运转不穷。对于容颜与寿命，保全才是真正的"纲"。

第三，生活内容的充实。

原始农业出现以后，人类的生活便由单一的温饱需求中解放出来，艺术、政治、哲学等内容逐渐成了人们生活中必不可少的上层建筑。

与西方照镜子式（有什么便直接地反映什么）的文化表现不同，中国的文化式样丰富多彩。这与中国人很早就开始思考天人关系有关。采菊东篱下，悠然见南山。彼时彼刻，陶渊明的眼前未必真有一座端庄的山。弦索轻弹，玲珑几声，听者却真的会感受到巍巍的山、洋洋的水。

文学、音乐、书法、绘画、建筑、戏剧……国学中仅是"艺"这一部分，就足以让我们流连其中，乐而忘返。现代人往往用声色犬马来对抗工作的单调乏味，结果是身体疲惫，精神空虚。与之相比，国学大概是可以做到"双赢"的吧！

第四，人格精神的完善。

丈夫、义士、君子，古代的中国人给"好人"总结了多种范式。性相近，习相远，人本来就是有多样性的嘛。"弟子入则孝，出则弟，谨而信，泛爱众，而亲仁，行有余力，则以学文。"——这是不同习性的人如何成为"好人"的必修基础课。之后呢，戒定而慧，刚毅而仁，不器不党而君子，周而不比，和而不同。既然做个坦荡荡的"好人"有明晰的图纸，那又何必成为长戚戚的小人呢？

第五，传统文化的补课。

最简单实用地看，在经历了半个多世纪的文化寒冬之后，寻根必然是大势所趋。全球化已成为现实的当今，民族文化的独立性也显得愈加重要。功利性极强的中高考都在加大传统文化的比重，国学，实在是当代中国人必须补上的一课。

二、如何学国学

国学这一概念虽然诞生之初带着一丝无奈，但发展至今，已经有了极为丰富的内涵。用现代的学科分类界定，国学至少包含了哲学（包含宗教）、历史（包含民俗）和艺术（包含文学）三大学科；用传统的分类方法，则有经、史、子、集四大部分。

名家如星辰，经典也是汗牛充栋。一个人即使穷其一生，也很难将某一门类的所有典籍尽数吸纳。面对如此浩瀚的国学海洋，我们该如何取一瓢饮呢？

第一，通而后专。

这个通，指的是入门阶段，要最大限度地掌握常识类的普及知识。比如什么是经史子集，什么是九流十家，什么是训诂句读，什么是版本目录，等等。多了解一些"什么"，而不必在意"为什么"。具体的方法是阅读一些综合介绍类的书籍，推荐朱维焕先生的《国学入门》。有条件的话可以听一些课，和老师进行一些交流。

所谓专，有两层含义：一是针对启蒙阶段的读物逐本甚至逐字逐句地去学习，比如《论语》《庄子》《道德经》；二是有一定文史基础的可以集中一段时间，选择自己感兴趣的方向重点研读。

第二，先史后经。

过去治学，一定要先通经。因为经是所有学问的基石，其重要性相当于世界观之于一个人。但我们现在学国学，不妨把这个顺序颠倒一下，先读读史，了解一下我们从哪儿来，经历过什么，有哪些成就，又有哪些令人扼腕捶胸的教训。这样颠倒的理由是，我们经历了一个长达半世纪的文化断层，更加之数字化网络时代的技术革命带来的冲击，许多中国人不仅迷失了方向，而且丧失道德根本，丢掉了文化自信。君子的人格追求、士的责任感等都陌生得像是天外之物，异域的价值取向和文化表现倒是如数家珍。不了解历史，我们就成了失去轨道的太空垃圾。

启蒙阶段读史，不必详读，也不必深入，而应以知晓脉络为主。推荐黎东方先生的大作"细说历史"丛书。至于有些学习者在通而后专的"专"选择历史学，那就要静下心来啃断代史和专门史了。

知道自己打哪儿来，才能明确知道自己到哪儿去。经典不光是要读，而且要仔细地参。这个参字的意思，就是要结合实际情况去琢磨。经不是只对某一类人有用，而是具有最大的普遍性。要读懂、读通，才能为我所用，对我们的为人与处世提供有益的指导。

接下来可以学的是子和集。这个阶段有点像"扩展阅读"。子多在阐发经，能够对我们更深入地了解经起到很好的作用。集则有助于我们更全面地认识子。

第三，毛笔是个好道具。

除了读书，还有什么途径可以登堂入室，学习国学呢？或者，读书稍觉疲劳之时，还有什么轻松有趣的学习内容呢？我个人的建议是，如果你已经有了一些知识储备，来一段文化旅游是不错的选择。读万卷书，行万里路，古人也是这么过来的。如果你还是一个初学者，不妨拿起毛笔，在提按顿挫、水墨交融之间交通先贤，感受文化。

毛笔作为实用的书写工具，直到民国时期才逐渐让位于西来的自来水笔。近一个多世纪以来，毛笔并未消失，而是作为一种艺术创作的工具继续耕耘于国学园地。以它为国学入门的道具，首先会领略书法的魅力，继而与两千多年来由它书写记录的文字拉近距离，产生亲近之感。搁笔之后，再读经典，大约不会感到生涩枯燥了吧！

《三字经》

全文

人之初，性本善。性相近，习相远。
苟不教，性乃迁。教之道，贵以专。
昔孟母，择邻处。子不学，断机杼。
窦燕山，有义方。教五子，名俱扬。
养不教，父之过。教不严，师之惰。
子不学，非所宜。幼不学，老何为？
玉不琢，不成器。人不学，不知义。
为人子，方少时。亲师友，习礼仪。
香九龄，能温席。孝于亲，所当执。
融四岁，能让梨。弟（悌）于长，宜先知。
首孝弟（悌），次见闻。知某数，识某文。
一而十，十而百。百而千，千而万。
三才者，天地人。三光者，日月星。
三纲者，君臣义，父子亲，夫妇顺。
曰春夏，曰秋冬。此四时，运不穷。
曰南北，曰西东。此四方，应乎中。
曰水火，木金土。此五行，本乎数。
曰仁义，礼智信。此五常，不容紊。
稻粱菽，麦黍稷。此六谷，人所食。
马牛羊，鸡犬豕。此六畜，人所饲。
曰喜怒，曰哀惧，爱恶欲，七情具。

匏土革，木石金，丝与竹，乃八音。
高曾祖，父而身。身而子，子而孙。
自子孙，至玄曾。乃九族，人之伦。
父子恩，夫妇从。兄则友，弟则恭。
长幼序，友与朋。君则敬，臣则忠。此十义，人所同。
凡训蒙，须讲究。详训诂，明句读。
为学者，必有初。小学终，至四书。
论语者，二十篇。群弟子，记善言。
孟子者，七篇止。讲道德，说仁义。
作中庸，子思笔。中不偏，庸不易。
作大学，乃曾子。自修齐，至平治。
孝经通，四书熟。如六经，始可读。
诗书易，礼春秋。号六经，当讲求。
有连山，有归藏，有周易，三易详。
有典谟，有训诰，有誓命，书之奥。
我周公，作周礼。著六官，存治体。
大小戴，注礼记。述圣言，礼乐备。
曰国风，曰雅颂。号四诗，当讽咏。
诗既亡，春秋作。寓褒贬，别善恶。
三传者，有公羊，有左氏，有榖梁。
经既明，方读子。撮其要，记其事。
五子者，有荀扬，文中子，及老庄。
经子通，读诸史。考世系，知终始。
自羲农，至黄帝。号三皇，居上世。
唐有虞，号二帝。相揖逊，称盛世。
夏有禹，商有汤，周文武，称三王。
夏传子，家天下。四百载，迁夏社。
汤伐夏，国号商。六百载，至纣亡。

周武王，始诛纣。八百载，最长久。
周辙东，王纲坠。逞干戈，尚游说。
始春秋，终战国。五霸强，七雄出。
嬴秦氏，始兼并。传二世，楚汉争。
高祖兴，汉业建。至孝平，王莽篡。
光武兴，为东汉。四百年，终于献。
魏蜀吴，争汉鼎。号三国，迄两晋。
宋齐继，梁陈承。为南朝，都金陵。
北元魏，分东西。宇文周，与高齐。
迨至隋，一土宇。不再传，失统绪。
唐高祖，起义师。除隋乱，创国基。
二十传，三百载。梁灭之，国乃改。
梁唐晋，及汉周。称五代，皆有由。
炎宋兴，受周禅。十八传，南北混。
辽与金，帝号纷。迨灭辽，宋犹存。
至元兴，金绪歇。有宋氏，一同灭。并中国，兼戎狄。
明太祖，久亲师。传建文，方四祀。
迁北京，永乐嗣。迨崇祯，煤山逝。
廿二史，全在兹。载治乱，知兴衰。
读史者，考实录。通古今，若亲目。
口而诵，心而惟。朝于斯，夕于斯。
昔仲尼，师项橐。古圣贤，尚勤学。
赵中令，读鲁论。彼既仕，学且勤。
披蒲编，削竹简。彼无书，且知勉。
头悬梁，锥刺股。彼不教，自勤苦。
如囊萤，如映雪。家虽贫，学不辍。
如负薪，如挂角。身虽劳，犹苦卓。
苏老泉，二十七。始发愤，读书籍。

彼既老，犹悔迟。尔小生，宜早思。
若梁灏，八十二。对大廷，魁多士。
彼既成，众称异。尔小生，宜立志。
莹八岁，能咏诗。泌七岁，能赋棋。
彼颖悟，人称奇。尔幼学，当效之。
蔡文姬，能辨琴。谢道韫，能咏吟。
彼女子，且聪敏。尔男子，当自警。
唐刘晏，方七岁。举神童，作正字。
彼虽幼，身已仕。尔幼学，勉而致。有为者，亦若是。
犬守夜，鸡司晨。苟不学，曷为人？
蚕吐丝，蜂酿蜜。人不学，不如物。
幼而学，壮而行。上致君，下泽民。
扬名声，显父母。光于前，裕于后。
人遗子，金满籝。我教子，惟一经。
勤有功，戏无益。戒之哉，宜勉力。

目录

第 一 讲　为什么说"苟不教，性乃迁"？/ 1

第 二 讲　孟母三迁是择校还是择邻？/ 5

第 三 讲　养不教真的是父之过吗？/ 10

第 四 讲　琢玉和小孩子的学习有什么关系？/ 13

第 五 讲　孔融让梨于兄是最佳选择吗？/ 16

第 六 讲　IQ和EQ哪个对于小孩子更重要？/ 20

第 七 讲　"三"这个数字对中国人有什么重要意义？/ 24

第 八 讲　古时候春夏秋冬和东南西北是怎么确定的呢？/ 27

第 九 讲　五行的真相究竟是什么？/ 31

第 十 讲　六谷六畜与人类文明发展有什么关系？/ 35

第 十一 讲　国学和医学中的七情六欲是一样的吗？/ 39

第 十二 讲　九族到底是怎么计算的？/ 43

第 十三 讲　如何理解人生的十义？/ 47

第 十四 讲　训蒙比开蒙、启蒙更高级吗？/ 51

第 十五 讲　《论语》是一部什么样的书？/ 54

第 十六 讲　"中庸"这么高端的词为什么会沦为贬义词？/ 58

第 十七 讲　孝为什么是孩子学习的基础？/ 62

第 十 八 讲　《周易》真的有那么难吗？／65

第 十 九 讲　《尚书》里都写了些什么？／69

第 二 十 讲　孔子为什么要梦周公？／72

第 二十一 讲　《诗经》是语文课本还是政治课本？／76

第 二十二 讲　古代文化中的经和子是什么关系？／81

第 二十三 讲　我们要如何学习历史？／86

第 二十四 讲　三皇五帝究竟是哪几位？／91

第 二十五 讲　尧舜禹的禅让是人类文明从兴起到灭亡的缩影吗？／96

第 二十六 讲　大禹真的是一个完美无瑕的圣人吗？／100

第 二十七 讲　你知道辅佐商汤的伊尹是最早的美食家吗？／104

第 二十八 讲　武王伐纣对后世的影响很大吗？／109

第 二十九 讲　春秋和战国有什么不同？／114

第 三 十 讲　会赶马车的小秦如何在群雄逐鹿中笑到了最后？／121

第 三十一 讲　流氓气质是刘邦称霸的秘密吗？／127

第 三十二 讲　东汉和西汉是两个不同的朝代吗？／132

第 三十三 讲　为什么魏蜀吴三国相争最后的赢家却是司马氏的晋？／136

第 三十四 讲　为什么南朝多昏君？／141

第 三十五 讲　北朝是成也汉化败也汉化吗？／145

第 三十六 讲　隋朝的功绩为何被严重低估？／148

第 三十七 讲　唐朝为什么会盛极而衰？／153

第 三十八 讲　五代是怎么变成武将的天下的？／158

第 三十九 讲　宋太祖赵匡胤人生唯一的黑洞是他的弟弟吗？／162

第 四 十 讲　元朝战胜南宋是偶然还是必然？／167

第四十一讲 朱元璋只是一个成功的地主吗？/ 171

第四十二讲 我们如何看待历史上的兴衰？/ 176

第四十三讲 勤是学有所成的秘诀吗？/ 180

第四十四讲 穷二代和富二代谁更容易有所成就？/ 184

第四十五讲 兴趣和棍棒哪个才是孩子更好的老师？/ 188

第四十六讲 对于孩子，学习和砍柴放牛哪个更累？/ 192

第四十七讲 小时候不认真学习以后一定会后悔吗？/ 196

第四十八讲 坚定的志向对于孩子有多重要？/ 199

第四十九讲 神童可以坐享其成吗？/ 203

第 五 十 讲 女孩子在学习上比男孩子有劣势吗？/ 206

第五十一讲 童星成年后会是一片坦途吗？/ 210

第五十二讲 没有一技之长的人能生存吗？/ 213

第五十三讲 功利性地学习是可耻的吗？/ 217

第五十四讲 给孩子留足够的金钱对吗？/ 220

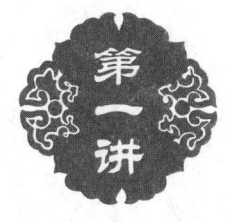

为什么说"苟不教,性乃迁"?

人之初,性本善。性相近,习相远。
苟不教,性乃迁。教之道,贵以专。

"初",是开始的意思。左边衣字旁,右边是刀,意思是说,一块布要做成衣服,要从裁剪的第一刀开始。人之初,也正像一匹混沌未开的布,完全看不出将来会成为什么样的衣服。一部分先哲认为,人生初始的这一阶段,没有经过任何的教化,但大家都是善的。什么是善呢?善字上面是个羊,下面是个口——一碗羊肉羹,大家吃了都说好,这就是善。有同情心,愿意帮助别人,乐于分享他人的悲喜,大家都认为这是好的品质,而这些"善",很多是不需教导、与生俱来的。"性"是个形声字,也可以会意,由心而生是性,生而有此心也是性。"本"是个会意字,草木的根,就是本。对于刚要迈开人生第一步的小孩子来说,善良的本性是他们的第一件随身之物啊。

"习"字的繁体写法,上面是一个"羽",下面是一个"白"。这个"白"字,在甲骨文里写作"日",象形的是鸟巢,在秦初小篆定型的时候被写成了"白"的形状。"习"的本义是"小鸟频频拍动翅膀试飞",小鸟第一次探出鸟巢时,它的父母就会给它示范振翅的动作。这个动作对它来说很新鲜,于是便模仿爸爸妈妈的样子呼扇翅膀,这是学。之后不停地重复,就是习了。

小鸟习飞图

　　小孩子虽然有着善的共同点，但毕竟天赋各异，耳濡目染的生活环境也各不相同，所以长大的过程中，也逐渐地显现出不同的个性来。这就是"习相远"，正如看起来很相像的两颗种子，刚发芽时别无二致，倘若在不同的环境下继续生长，则会有明显的差别，一棵挺拔茁壮，一棵优雅曼妙。对于这一点，家长和老师尤其要重视，第一要接受孩子的与众不同，第二要给孩子适合的环境，让他们"习"正确的营养。

　　如果家长和老师没有尽到教育孩子的责任会怎么样呢？"性乃迁"。迁是改变，而且是向相反方向的很大的改变。所改变的，正是孩子善良的本性啊！

东晋时候的周处，天生神力而少于管束，他便利用了这神力欺凌身边的小朋友们。从第一次的无意得利到以后的有意为之，善根虽存而善行不再，邻居们敬而远之，他自己却浑然不觉。其时，他和山上淘气的虎、水中阴险的蛟并称三害。

还有一个小实验可以证明这善的可迁。在一个透明的瓶子内装上清水，比拟尚未涉世一片澄澈的稚童，在里面加上或黄或红或绿或紫的颜料，就会变成一件漂亮的艺术品；而如果加上几滴黑乎乎的墨汁，则会变成一瓶污浊不堪的垃圾。

一株小芽，要长成挺拔或曼妙的小树，需要阳光，需要春风，需要雨露，还需要适当地修剪，否则就会被旁生的枝杈夺去了营养，难以再茁壮。对于孩子来说，这阳光春风和雨露修剪，综合起来就是一个词：教育。

"教"这个字，现在的字形看起来含义很简单：用文教人以孝。而其造字之初所指的"事"，却没这么简单。"子"的头上，是做数学的算筹，意指这件事和学习新的知识有关；"子"的右边，是一只手，拿着一支短棒。倘若认真学习，这短棒会发挥其引导指示的功能，如春风雨露；倘若不认真学习，这短棒便会发挥戒尺的功能，如同园丁的剪刀。

有些现代教育者认为，"剪刀"不但可以起到修剪的作用，让有一点迷失本性的"小周处"们重回"善"的正途，更为重要的是，还可以起到引导的作用。是松柏，就让它挑战高度；是桃李，就让它孕育硕果。周处在改过自新后，因为他的天生神力适合习练武艺，最终成了一名保家卫国的将军。

"道"呢，它最早的字形，像一个人用衣服蒙着脑袋在走路。这个奇怪的姿势可能导致两个结果，一个是摸索着走到了正确的目的地，一个是摔得鼻青脸肿。从其后的字义看，造字者的本意显然是前者。既称之为"道"而不是普通的"路"，就要符合以下几条：第一是正确的；第二是合乎自然的；第三是可以被学习的；第四是有专门的指导意义。

教育的"道"，是"专"。

"专"本来是一件纺织用的工具。它可以把丝或线缠在上面，用以保存或者捻出一个线头来，让丝线源源不断地进到织布机里。不管是缠上去还是捻出来，都怕一个乱字，所以要一心一意，保证丝线的一丝不苟。"专"字的引申义就从此而来：专心；专一；专注；专门；专业……

　　这个意思作为教育的"道"，可以从两方面来理解：一是要坚持，不能分心；二是要找到适合的方向。十年树木，百年树人，教育来不得短平快，不能寄厚望于短期收益。前面实验里那黑乎乎的一瓶水，不必失望地丢掉，还是可以重新变得清澈的。要找对"教育"它的"老师"——活性炭，还要拿出足够的耐心，让"老师"认认真真地把它"教育"一番，才能让它回复"善"的本性，并有可能变成一件或红或蓝色彩艳丽的艺术品。

孟母三迁是择校还是择邻？

昔孟母，择邻处。子不学，断机杼。
窦燕山，有义方。教五子，名俱扬。

这一讲讲的是古代教育子女很成功的两个故事。

第一个故事的主人公是"孟母"，就是"亚圣"孟子的母亲。孟轲从一个顽劣小儿成长为王师，被后世尊称为"子"，和他这位严母不无关系。严母之严，这一讲撷取了两个片段。

第一个是"择邻处"，又称"孟母三迁"。择是提手旁，说明这是一个动作。动作的依据是判断，要从若干类似的条件中"择"出最优的一个。第一迁，择的是墓地附近。择的依据，史书中没有详细记载。大约是父亲早亡，家道衰落，需要一个低成本的居所。但小孟轲天资聪颖，善观察，喜模仿，看多了送葬的场面，便回家斩麻披布，哭号为戏。孟母看到，大为担忧，她说，这不是小孩子应该居住的地方，于是搬家。第二迁，择的是集市，邻居是一户卖肉的屠家。没多久，小孟轲又被这场景熏染，聚物为肉骨，削木为砧板，买卖为戏。孟母同样不以这戏为然，说，这不是小孩子应该居住的地方，又搬家。第三迁，择的是学宫附近。小孟轲的戏，也随之变成了对着先生行礼，晃着脑袋读书。这下得到了孟母的认可，她说，这才是小孩子应该居住的地方！于是不再有搬迁的想法。

孟母三迁图

　　对我们现在所生活的环境来说，搬迁是一件高成本的事，但也不乏为了孩子的学习而"三迁"的父母。表面看起来，这些父母选择迁居和孟母的所为极为相像，所择的理想之所都是学校。而考量一下当代"孟母"们"择"的依据，还是有些问题的。择校之于择邻，境界简直不能同日而语。择校的目标是"名校"，所能得到的益处不过是高分和升学率。而在教育行政化和功利化的背景之下，这样的"美名"更多的是资源分配不均衡的结果，并不能体现其真正的教育实力。另一个消极的方面是，资源不公，唯一能体现公平的方案就是价高者得。与爹妈钱包丰盈程度成反比的是他们的时间，经济上的成功者往往会把教育的责任更多地推给学校，那么，现在的学校是否有足够的责任心呢？我们能够看到的是，如果缺失了家庭教育这一环,"名校"学生的"道德商"往往难以和他们的"得分商"相匹配。

择邻的目标则是"佳邻",而未必是"佳校"。家长要给孩子择的,是一个适合孩子健康成长的综合环境。身边的事、身边的人,都会对孩子产生潜移默化的影响。试想,如果小孟子从墓地学到的是孝,则孟母未必会二迁;如果小孟子从集市学到的是仁,则孟母未必会三迁;如果小孟子从学校学到的是网游斗殴等小混混的勾当,则孟母一定会再迁。

如今的城市,学校资源不可谓不充足,而"三迁"的成本,则不可谓不高,那么诸位父母要向孟母学的,就不仅是"择校",而是要深思孟母三迁的动机,从而在自己的能力范围之内,帮助孩子择邻、择友。择的关键有二:一是父母对是非善恶的判断;二是父母在与邻里交往时,表现的是赤裸裸的功利,还是发自本心的善。

孟母教子的第二个故事是"断机杼"。这一日,小孟子玩儿心忽起,背着书包出门,却没有去学堂。下午归家时却估算错了时间,早退了。一向教子颇严的孟母并没有责罚孟轲,而是面沉似水地取下了正在织布的织布机上的"机杼",当着孟轲的面,"咔吧"一声,折断为两截。

先解释一下什么是机杼。古时候的织布机大约是这样一个构造:机架的上方是一个固定的框,所有经线的一端都系于其上;经线的另一端,则依照奇偶数分别系于两根综(读作 zèng)架上;综架打开,两组经线之间形成一个梭口,机杼牵引着纬线横向穿过,综架随即交换位置,将刚穿过的纬线固定,同时形成下一个梭口。

这下我们明白了,在织布的过程中,机杼原来是如此关键的一个部件。孟轲的父亲早亡,母亲织布是家里唯一的经济来源,所以,折断机杼实在是比打屁股更让孟轲目瞪口呆的举动!

此时孟母方才开始言语上的"教",大意是:机杼折断,正在纺织的这一匹布就废掉了;小孩子如果不学习、不进步,也就像这匹织了一半的布,这台失掉了机杼的织机,徒有人形,却是个一无用处的废物!

孟轲本就颖慧,受了这番形象生动的教育,大有所获。那只被折断的机杼此后数十年一直深深刻在他的脑海中，激励着他勤奋地学习、思考，直至成为万世敬仰的亚圣。

另一个教子有方的典范是窦燕山。窦燕山是五代中期后晋时人，本名窦禹钧，因为世居燕山，又被称作窦燕山。古时候的人，有姓，有名，有字，有的人还会给自己取个号。如果不是自己取的号，那就分两种情况，官家所赐的叫"谥号"，民间所呼的叫"外号"。这外号有好听的，也有不好听的，实际情况中大约后者要多一些，所以现在一提到外号，就以为是骂人的，甚至于有的小朋友会因为被取了外号而大怒，要大打出手。现在我们知道了，外号只是他人一厢情愿的称呼而已，不管好坏，倘若你不答应，它便与你没有丝毫关系；倘若你有所反应，那就无论你喜不喜欢，它也会像一个标签一样贴在你的身上了。

这位窦燕山之所以名垂青史，是因为他自己乐善好施，五个儿子都科举及第，高中进士，所谓"灵椿一株老，丹桂五枝芳"。

五子登科是许多家长的理想，却只有不多的家长会深思什么是窦燕山教子的"义方"。对于"义方"二字，通行的解释是好的方法。好在哪里呢？义字的繁体写法是"義"，属于会意字，上面的羊代表祭祀用的牺牲（牺牲本意不是动词，而是名词，是指祭祀时用的猪牛羊等祭物），下面的我像一个持戈的人。祭祀是神圣的，庄严的，绝对正确的，值得"我"守护的。义方之义，所取正是这个"正"的含义。也有学者认为，义方之义，是指规范其行为，刈除其恶习。这一说法也很有道理，只是写作"乂方"更为合适（今存《三字经》版本混杂，古本或为乂方也未可知）。

窦燕山的"义方"，总结起来有两条：一是要求严格，二是以身作则。

对于一般家长来说，做到严并不难，对"格"这一标准就难以拿捏了。"格"太紧，孩子做不到，必然逆反；"格"太松，孩子轻易完成，也不会太当回事。窦燕山的严格，其秘诀就在于先了解孩子的学习能力，然后给出相匹配的标准。做到了是你应该的，做不到就要受到责罚。愚见认为，如果"格"定得科学准确，这种有惩无奖的教育比有些家长推崇的纯鼓励式教育更为有效。

窦燕山为人宽厚，却并不把这些优良品德以说教的形式抽象地灌输给孩子，而是自己始终如一、润物无声地熏染孩子。

有一次，窦家失窃，同时有一个仆人失联。案情很明显，报官拿人追赃即可。窦燕山却说，此人一向稳重，如此轻率，怕是有什么急事吧！偷钱的仆人闻知，感动不已，但又无力偿还，便偷偷把小女绑送窦府抵债。窦燕山将孩子收为养女，视如己出，供其读书，为其择婿。在这个故事中，窦燕山教会孩子的是"仁"。

一年的正月初一，窦燕山游延庆寺，出门看到一个无主的布袋，打开一看，有数目不少的金银。在如此放松的时日携带如此众多的金银出门，失主必有急事。窦燕山便守着这布袋，等候失主。天色将晚，失主依然没有出现，窦燕山只好将布袋带回家中，第二天一早再背回原地等候。时近正午，有一青年神色焦急地走来。窦燕山上前询问，青年正是失主，所述失物与布袋内相符，于是完璧归赵。在这个故事中，窦燕山教会孩子的是"义"。

当今的社会，节奏快，竞争强，面对仁义，为人父母者难免会自己先乱了方寸。不好的示范，不好的情绪，怎么能期望有好的教育效果呢？各位家长，不如静下心来，好好学习一下窦燕山的"义方"吧。

养不教真的是父之过吗？

> 养不教，父之过。教不严，师之惰。
> 子不学，非所宜。幼不学，老何为？

开篇就先啰唆一句。"养不教"之前，可以加一句"生不养，人之错"。生而养之，养而教之，这是为人父母者一定要做到的事。从受孕着胎到呱呱坠地，叫作生；从啼哭唤食到咿呀学语，叫作养；从蹒跚而行到独立于社会，这是"教"的过程。从时间上可以直观地看出，父母之于孩子，"教"是最大的课题。有的年轻人缺乏对生命的尊重，游戏感情，使孩子幼小的生命在"生"这一阶段便停止。这样的父母，自己做人便出现了错误，需要"回炉"反思，还不配来讨论"教"的问题。

回到正题。"养"，甲骨文与金文的字形是左边一个羊，右边一只手拿着牧鞭，是个会意字。繁体字的写法是上边一个羊，下面一个食，所会的意更加清楚：提供食物使之存活即为养。对于大多数的父母，这个任务不但可以完成，而且有的还会完成得过了头，养出不少小胖墩儿来。但如果只做到这一步，养而不能教，还是不及格。

"教"，简化以后，这个字被不少人望文生义地理解为"以文教之以孝"。其实"教"的本意可没这么文绉绉，最初的字形中，"子"的上方是一个"爻"，是算筹的象形；右边则是一只拿着戒尺的手，所会的意是：

戒尺教子图

以戒尺为威吓，使孩子学会新的知识。

"教"的关键，是严。我建议把那句流传甚久深入人心的"寓教于乐"改为"寓学于乐"，玩儿的过程中有所收获当然是好事，但绝不至于上升到教的高度。一位西方教育学家曾说，教的关键在于引导。这位专家虽然不晓得中国戒尺的厉害，却道出了其背后的功能——不对了就要吃板子，那当然会拼命向对的方向靠拢。

对孩子的"教"，有两个主体：父母和老师（有些现代父母让孩子在家读书，那就是又身兼了教师一职）。这两个主体所教的内容有重合之处，又各有侧重。父母着重教孩子明是非，辨善恶，如何做人；老师则更多地教孩子系统的学科知识。二者切不可互相推诿，把这十几年的功课交给一方去做。这一点，父母尤其要注意。

教师的严，体现在三个方面：严格、严厉、严谨。

严格，有两个要素：合理的标准，坚决的执行。小孩子一天可以背三首诗，老师给他定一首的标准，太轻松，他不会放在眼里；给他定五首，实在完不成，心一横，也就拉倒。通过观察分析，经验判断，得出最佳的标准，这正是老师的一个主要职责。如果不能做到，那你就是惰。标准既已确定，以好奇心强为主要特征的小孩子也难免要去挑战几次的。老师若是守不住这条线，让学生模糊了标准的位置，甚或是开始怀疑执行标准这件事，对他们今后的人生是有着无比巨大的副作用的。这样的老师，也是犯了惰的错误。

有必要补充一句，严格，不是限制。了解孩子，熟知教育规律，时刻对"标准"的位置保持警觉，是老师的本职功课，切不可因惰而废。

严厉，指的是态度。《礼记》中说："凡学之道，严师为难。师严然后道尊，道尊然后民知敬学。"意思是，在学习这件事情上，老师态度严厉极为重要（却也不容易做到）。老师态度严厉，所教授的内容才会被学生重视，所学的内容得到尊崇，学生才会端正态度，认真去学。所谓师道尊严，不仅仅是老师一定要板起脸来那么简单，而是严则尊，尊则重，是通过自己的态度让学生树立正确的学习态度。若老师不能认识到这一点，或是不能就此检点自己，那也是惰。

再补充一句，严厉的态度，老师必备，父母则不必；小学、中学老师必备，大学老师则不必。

严谨，对于每个人、每件事都极为重要，对于老师，还要在重要前加上若干的倍数。为师者要传道授业解惑，如果自己都不能明察秋毫严谨认真，经常把"嗯，也许，大概，差不多，就这样吧"挂在嘴边，受业的弟子们岂不是要糊涂更甚！有一个语文老师，把"尴尬"读作"监介"；还有一个地理老师，把"瀑布"读作"暴布"。为防误人子弟，我的书桌、床头长年都放着若干本字典，每次上课前都战战兢兢，如履薄冰。教学相长，严谨的老师多年后都成了大专家，正是此理。不严谨，也是惰。

"子不学，非所宜。"宜字下面的"且"，可以理解为"力量"，"宀"是指家，归宿。二者组合，宜的本意是指力量用到了适合的地方，引申为"应当"。小孩子不认真学习，不是应该的事。"幼不学，老何为？"小的时候不专心学习，一无所能，长大以后又能做什么呢？

琢玉和小孩子的学习有什么关系?

> 玉不琢,不成器。人不学,不知义。
> 为人子,方少时。亲师友,习礼仪。

中国人对玉,可是一点儿都不陌生。一般认为,玉石的温润与中国人所推崇的君子性格有相通之处。在我看来,这个观点最早也要春秋末期的时候才能产生。那么在此之前呢?我有一个大胆的推测:玉之于中国人(乃至东亚人),经过了实用器、装饰器、流通器、人文器四个阶段。

三皇五帝时期,对应的是旧石器时代和新石器时代。那时的先民们,热衷于制造工具,却还没有掌握金属的冶炼技术,于是把满腔的热情都倾注到了石头上,玉由此而被发现。在那为了生存与自然抗争的时代,绝难将这种漂亮的石头与人品联系起来,人们注重的,是它是否实用。钻石是由单纯而致密的碳原子组成,所以坚硬。玉石的成分则比较复杂,外在表现是柔软细腻,易于加工,而用作再生产的工具如铲锤等,却损耗明显,效率低下。很可能在新石器时代,玉器就已经脱离了实用领域,转而以装饰功能为主。玉的字形从王,最初装饰的对象应该是握有威权的王,或者,是以这精美的、不易获得的石头体现王的威权,正像渔猎经济时期,生产能力强的部落把贝壳串起来"炫富"一样。

正如贝变成了最早的"货币",玉也因此客串了一把"一般等价物"

的角色。陕西蓝田是夏商周玉的主产地，而也距离当时的政治中心非常之近。在当时农业基础尚未转变为商业基础之前（中国之由农而商，实在是很早，春秋之时即已完成），玉作为货币，称作"瑷"，形状是"肉"少而"好"（孔）大的圆形，近似于现在的手镯，一对儿为一个单位。现在的女性喜欢戴两个手镯，或许即是古代女性方便"购物"习俗的遗存。

但是，玉的重量毕竟稍大，难以支持大规模的商业往来。所以玉质的货币很快退出历史舞台，反而因为玉的质感很符合于"君子"的特质，其后"君子佩玉"，它又变成了一种人文器，作为中国人理想人格的一种外在体现。

正因为玉的历史非常悠久，而且深深融到了中国的文化之中，所以和玉有关的词也很多。比如"理解"，其本意就是依照璞石表面的纹理将其"解"开，使包于其中的玉得以脱出；比如"切磋"，其本意是把玉石按照制作器物的需要切开，再用"磋"的工艺使之成型；比如"雕琢、琢磨"，其本意是将一块整的玉料以雕琢的工艺加以去留，使之成为具有某种使用价值的器物。

"玉不琢，不成器"所比的就是这样的情形。玉，要想成为有用的器，必须要经过"琢"这一过程，否则终究只是一块漂亮的石头而已。小孩子的成长正同此理，要想成为有用的人，也要细细琢磨。

切磋琢磨，都需要专门的工具。对于小孩子的成长，这样的工具就是"学"。学习的目的，也就是"成器"的表现，就是"知义"。义，繁体的字形从羊从我，意思是值得"我"去守护的正确的事情。羊，是古代用于祭祀的极重要的"牺牲"。

知义，对于一个具有社会属性的人，是一个基础。一个人如果连最基本的是非判断都没有，那他作为"器"，所有的使用价值都是空中楼阁。"为人子，方少时"，初识社会的小孩子正像一块待琢的玉石，好学，会学，就会有所作为；不学，或是学歪了呢，就不成器。

那么，如何学？学什么呢？第一个问题的答案是亲师友；第二个问题的答案是习礼仪。

亲，是说要保持很近的距离。这样才能很清楚地观察，并且加以模仿学习。学高为师，他已经有了相当的知识经验的积累，表现出来的是一个正确的存在状态。家长可以为师，学校的老师也可以为师，身边所有已经证明了自己社会价值的人都可以为师。同志为友，和自己有相同价值观的人，身上总有优点值得我们学习。至少可以作为一面镜子，照出我们的不足，也就是需要继续"琢"的地方。

在师友的身上重点要学的，是礼，是仪。礼的内涵极为丰富，却也可以用一句极简单的话来描述：合理的秩序。齐景公问：一个国家怎么才能实现大治？孔夫子回答：君君，臣臣，父父，子子。其核心就是礼。近距离地接触师友，可以从他们的行为中一次次地强化对"礼"的感性认识，了解礼的伟大，认同礼的重要，从而心甘情愿地去做礼的传承者。仪——就是因为知礼、守礼而呈现出来的外貌。

最后再复习一下习礼仪的习。学的对象是新的知识，习是要把学到的知识反复咀嚼玩味，直到成为习惯，在任何情况下都不会"逾矩"。礼的内容极简单，一句话就可以说清楚，但礼对于尚未开化的稚童来说，毕竟有一份约束的意味在，做起来并不容易。因此，才需要心里想着礼，看着师友的仪，一遍一遍地习。

幼子习礼图

孔融让梨于兄是最佳选择吗？

香九龄，能温席。孝于亲，所当执。
融四岁，能让梨。弟（悌）于长，宜先知。

这一讲讲了两个故事，一个关于孝，一个关于悌。

"香九龄"的"香"，是东汉时著名的大孝子黄香。他九岁时，母亲病逝。作为一个开蒙未久的孩童，黄香不仅能对母亲葬之以礼，而且能够做到对父亲持孝以恒。黄家住在江夏，就是现在武汉市江夏区，那里地处长江之畔，夏季如火炉般炙烤，冬季又有些阴冷。盛夏时，黄香每晚睡前都要用扇子把父亲的枕席扇凉；隆冬时，则在每晚睡前先用自己的小身体把父亲的被窝焐热。这一段事迹，称作"扇枕温衾"。"温席"正是这故事中的一部分。

理解这一句的关键，不是"九龄"，也不是"温席"，而是把二者联系起来的"能"。《三字经》的编撰者显然认为，九岁的娃娃能做到"温席"是不容易的。就这一举动本身而言，偶尔为之似乎不难，而要日复一日，认真地去做，就是真正的知而后行了。知的是什么呢？是孝。九岁的孩子能懂得"孝"这个颇为抽象的概念，当然是值得称道的。

在孔子之前，似乎还不曾有人将孝的重要性加以总结升华。孝作为晚辈对长辈的一种单向的行为，一直被认为是理所应当的，正如乌鸦之反哺、羊羔之跪乳。孔子则以推而广之的思维方法，把仁、孝、礼、忠联系了起来，使孝不但体现了人之为人的本性，而且既亲其亲，就可以把这份"仁"施之以师，施之以君，施之以身边的万物。孝发自"仁"，完全是一种义务，而不必去讲什么权利。因为，不但我们的身体发肤受之父母，而且在成长过程中，无时无刻不被泽着父母无私的爱。父母对孩子的付出，何尝如"风投"一般期待些许的回报！比之以君（假设这君是好的），国内的臣民能够安居乐业，丰衣足食，亦是在享受着国君的庇佑和恩泽。作为有"仁"之人，对如此的恩情自然当报以无私的忠与孝。人人如此，便是"君君，臣臣，父父，子子"的小康社会（甚或是大同）。

关于这一段，我必须做一个说明。按照某种"民主自由"的思想，父假若不父，则子就可以不子。按照宋元之后某些理学学究的阐释，父叫子亡，子不得不亡。这两种观点都误会了孔子的本意，走了极端。前者是"无君无父"的"禽兽"，忘了自己的来历；后者则是愚孝。真正理解孔子深意的，是他的徒孙"亚圣"孟子。他说：不孝有三，无后为大。这个"无后"，并不专指断绝香火，而是说，作为后人，在父母做出明显的错误行为时，要指出并且劝谏，不能眼睁睁地看着父母犯错误。

"礼"作为"孝"的外在表现，直接的社会效果就是有序。同样能做到有序的，还有法。二者看起来殊途同归，内里的温度却差着37摄氏度——礼充满着人性的温情，法则是一块冰冷的铁板。二者本质的差别，源于一条鸿沟：教。教育使仁、孝、忠、礼和谐地统一起来，使礼治和生活和谐地统一起来。孝于亲是社会稳定的根基，要一代代地教、一代代地传承。"执"的繁体左边是一个"幸"，是固定的意思；右边的"丸"，是球的意思。执的字义，是把握、坚持，不能有所松动。孝，就是应当"执"的事。

上述这一番大道理，九岁的黄香未必懂，却做得很好，这不能不说是"教"的结果。入仕后的黄香，一代名臣，忠孝两全，更说明了这"教"的正确。黄香是个好学生，也是个好榜样，此刻读着这一句经的孩子们，你们能像黄香哥哥那样，为父母扇枕温衾吗？

"融四岁"的"融",即是三国时大名鼎鼎的孔融,字文举。他座上客常满,樽中酒不空。刘备刚发家时,孔融向他借兵,激动得刘皇叔手足无措:孔文举也知道天下有一个刘备吗?孔融十岁时随父亲到京城洛阳,以仲尼后人之名入见当时名士李元礼(孔融也确实为孔子二十世孙),机智言语惹得另一名士陈韪嫉妒,说他:小时了了,大未必佳。孔融居然随口相讥:想君小时,必当了了。

　　相比这些事迹,孔融四岁能让梨的典故影响更大。那一年,孔父的门生来访,带了一些当时属于珍稀之物的梨作为礼物(另有一个版本,说是孔融祖父寿诞,有宾客送梨作为贺礼)。孔家六兄弟,孔融是老幺。父母逗他,说,今天放权给你,你来分发梨子,如何?孔融上前,一把抓起最大的梨,满座大笑。不想孔融拿着这大梨送到大哥面前,随后依此分别送给其余四位兄长,自己则剩了一个最小的,满座又大惊。

孔融让梨图

孔融的这一举动，践行的正是"悌"（"弟"是"悌"的通假）。"悌"的造字法，可以是形声，也可以是会意。作为会意字，悌要有悌心，就是要尊敬顺从自己的兄长；作为形声字，这种尊敬与顺从要发自内心。与孝比起来，悌的道理并不容易被人接受。一般认为，哥哥姐姐作为更懂事的一方，应该让着弟弟妹妹才对。其实，悌所体现的，也是礼，也是一种合理的秩序。

孔融让梨，并不是个智力问题。否则榨一壶果汁，皆大欢喜。之所以称"让"，且让得流芳千古，正因为其中体现了"悌"的精神。分梨的方法，原可以有三种：其一是从大到小；其二是从小到大；其三某位有特殊要求的兄弟优先选择，譬如其中一位恰好患有口疾，只能吃下最小的那颗。如此的分法，出发点都是要以某种共同认可的规则来体现出相对的公平，从而避免纷争与混乱。一定是经过了长期的思考与实践，先哲们认可了"悌"的次序。

其实这道理可以用一个形象的比喻来说明：我们去购物或是看演出，都习惯于排队，先到者自然享有优先权。一个家庭中的生活资源，也正如我们所购的物，需要一个分配的次序，哥哥姐姐先我们而至，自然应该排在队首。"悌"中的"弟"，原本也有"次第"的意思。在现实中，也常可以看到哥哥姐姐把"大梨"让给弟弟妹妹的情形，这是"兄"出于对"弟"的爱护，让渡了他的权利，体现的又是"兄友弟恭"的精神了，与"悌"并不相左。

小孩子终究要长大，要面向社会，一次次去排更长的队。如果通过"教"，可以懂得"弟（悌）于长"的道理，便会各自找到自己的位置，顺利地取到自己该得的一份。否则，大家都去抢最大的梨子，抢到的人，得意之余也不免遍体鳞伤；抢不到者难免心生怨怼，积聚戾气。此番场景，比起彬彬有礼、井井有条来，不啻天壤之别。所以，悌的道理，也是教育的重要内容，是小孩子步入社会之前，就要"先知"的。

IQ和EQ哪个对于小孩子更重要？

首孝弟（悌），次见闻。知某数，识某文。
一而十，十而百。百而千，千而万。

  一个人的成长，分为身体的成长和心智的成长两部分。具体到心智的成长，又可以分为两部分：人格的养成与智慧的积累。此二者孰轻孰重？孰先孰后？抑或是平分秋色？对于这个问题，大家见仁见智，莫衷一是。《三字经》的编著者认为，还是要有个次序：首孝弟（悌），次见闻。

  单就这两个学习科目而言，应该是同等重要。古时候作为帝王师的"三公"，有负责教授具体知识的太师，也有负责教授做人道理的太傅（另一公是辅佐帝王理政的太保），此二公行政级别、工资待遇均平起平坐，帝王也似乎没有厚此薄彼。而落实到个体，因为涉及孩子的成长，还是要深究一下。用盖房子来做一个比喻，直接在地上码砖头，很快便可以砌起几堵很像样的墙来，再搭个顶，一栋"房屋"便速成了。但不禁晃，甚至不禁风。同样的砖头，如果先扎扎实实地打个地基，然后再一层砂浆一层砖细细地垒起来，时间要耗去不少，但结实，还有可能盖得很高。

  这个比喻不难理解，地基比喻的是人格的养成，现在称之为EQ；砖头比喻的是知识与智慧，现在称之为IQ。先EQ后IQ的建筑顺序正应了那句老话：先学做人，后学做事。如今的许多家长，被一句"不要让孩子输在起跑线上"所鼓动,纷纷抛弃了地基,投奔各种"早教"机构,把孩子打造成各种"天才"(人口大国多有资源危机,这种行为出于父母之心,倒也可以理解)。殊不知这样根基不稳的房屋,不足以为孩子今后的人生提供足够挡风遮雨的资本。

人格的养成,最先的基础是孝悌。孝悌的意义,在上一讲已经有所阐述,此处再做一简单的回顾。孝悌皆出于仁心,归于知礼。懂得并且能够做到孝,就会把这份仁心普施于今后学习、生活及工作中接触到的各种对象。这样付出的回报是众人归心,仁者无敌。懂得并且能够做到悌,就会时时刻刻知道自己的位置,知道什么是该得的,就去保护它;什么是不该得的,就去避免无理的争斗。

人类从"鸡犬之声相闻,民至老死不相往来"发展到所有人扭结在一起的互联网时代,不管你愿不愿意,人际交往在我们一生中的戏份越来越重。如今,EQ甚至不仅是大楼的地基,还是把砖石黏合在一起的水泥砂浆。这就是"首孝弟(悌)"的合理性所在,也是其现实性所在。

打好了孝悌的基础,接下来该做什么呢?"次见闻",也就是狭义的"学习"环节。现代社会,固然有以学校为主体的完善的教育体系(此处的完善就形式而言,说到内容,中国的教育问题还很多),但家长对孩子学习内容、学习方式还是要有所规划,并起到主导作用,尤其是在开蒙阶段。

规划孩子的学习,这事听起来责任重大。事实上也有不少父母以为自己教育知识储备不够,知难而退。也有一些父母积极而盲目,频频被一些机构洗脑,带着身高尚不及书桌的孩子奔波于各种"早教"课程之间,两代人均疲惫不堪。其实这事儿并不难,两个努力的方向而已:一个是"见",让孩子用眼睛去感受世界的博大;一个是"听",让孩子用耳朵去感受世界的丰富。家长就像一个旅行社,安排好孩子游历的行程即可,渊博一些的家长,至多再客串一把导游而已。西汉初年的司马谈是规划孩子学习的高手:前十年,他让孩子在自然中尽情玩耍;次十年,则让孩子访名师认真读书;再后十年,又使之遍游天下。这样的学习进程在第五个十年计划收获了硕果,他的儿子司马迁写出了一部被称为"史家之绝唱,无韵之离骚"的《史记》。还有一个父亲,是一只青蛙,它和"太太"给孩子们找到了一口水井作为栖身之处,衣食无忧,也无虞于安全。多年以后,孩子和外来的小伙伴聊天,因始终执着于天只有井口那么大而难以和大家沟通。

不能说青蛙先生是位坏爸爸,但它让孩子坐井观天还是有点过分。在砖石足够的前提下,孩子能建起多大的楼取决于他心里能装下多大的楼,这就是意识对物质的能动性。人生就是一个选择接着另一个选择,全部选对很难,正确率的高低决定着人生质量的高低。而选择的正确率又与智慧的积累和思维的方式密切相关。受所见所闻之囿,青蛙先生的儿子应该没有司马迁选择题做得好吧。

再说一说"见闻"的次序。有一个很好的建议,先"知某数",再

学习算筹图

"识某文"。

启蒙阶段，兴趣是个关键词。但凡经过抽象而寄托了某种思想的"文化"，小孩子可能都不会感兴趣。比如一本哲学书，一张抽象画，或一段让人静心的梵呗，都只能让孩子烦躁。孩子对什么感兴趣呢？直观的东西。比如有韵律的儿歌，简单明快的卡通。"数"与"文"相比，正是具有了直观的优势。

首先是多少。十块糖比一块糖多，而又比一百块糖少。怎么知道我有多少糖呢？一二三四地数，很快就到了十；对十有了直观的认识，又可以知道十个十叫作百，如此累积，就会知道千、万。我曾经让几个四岁的小朋友抢答：谁能数清楚我有多少根头发？孩子们都笑着摇头。待讲完"一而十，十而百，百而千，千而万"这一段后，有一个叫作小七的孩子举手说，老师，我可以数清你的头发了。每十根打一捆，一百根再扎一下，这样就可以了。此时的小七要是跑去对青蛙先生的儿子讲，天其实有一万个井口那么大。小青蛙一定会傻掉。因为，它压根儿还没有做到"识某数"。

其次是先后。同样的数字，前面加上一个"第"，就变成了序数词。大家一起跑步，就要争取第一了！分梨子时，如果排在第三，就不能去抢最大的。

中华民族早慧，很早就知道了"知某数"的妙处，还衍生出许多的数字崇拜来，比如三山五岳、四大发明等。孩子一旦对数有了直观的认识，以数字为"噱头"的这些文明，就很易于被他们接受了。

"三"这个数字对中国人有什么重要意义？

> 三才者，天地人。三光者，日月星。
> 三纲者，君臣义，父子亲，夫妇顺。

数字崇拜，与文化的量有关，与天人合一的哲学思想有关。但并不是所有用数字总结的"文化"都靠谱儿。我们说古代有"四大发明"，但除此之外，还有很多了不起的发明，比如豆腐。文学领域有"四大名著"，但《金瓶梅》《儒林外史》《聊斋志异》等书也是了不起的佳作。就连"三皇五帝"，也有盘古氏、燧人氏、女娲氏、有巢氏等大腕儿耿耿于怀吧。

"三才"，却十分站得住脚。"才"字最初的象形，是草木初生时的形状。横，代表的是地面。这个象形所表达的意，不仅是生，而且是符合"道"的，有规律可循、生生不息的生。混沌初开之时，什么具有这样的"生"意呢？天、地、人。

《周易·说卦》中说："是以立天之道，曰阴与阳；立地之道，曰柔与刚；立人之道，曰仁与义。兼三才而两之，故《易》六画而成卦。"《易》的核心，是道，而对道最初的感性认识，就来自天、地、人。"两之"，是说三才所体现出来的道都具有对立统一的两面。天，有阴有阳；地，有柔有刚；人，有仁有义。推而广之，万事万物都应该是因为"两"的协调而发生、发展、转化。

三光，指的是不必假手人力而可以发出光亮的三种物体。远古的先民在大自然中处于被动生存的弱势，要想填饱肚子，还不成为别的动物的点心，都要看天地的脸色。日、月、星，三者有规律的运动决定着农时，三者发出的光亮使人类看清周遭，避免危险。因此，在人类早期文明中，对此"三光"的崇拜是一个普遍的现象。

纲，现在看是个形声字，但看其甲骨文的字形，不无会意的意思。渔猎经济时期，网是一大发明（据说是伏羲氏所发明）。要知道，食谱的每一次拓宽对于人类的生存都意义重大。纲的偏旁是"纟"，似乎与纺织有关；作为声旁的"冈"呢，却又与山有关。这会的是什么意呢？原来，这里的"冈"，与山无关，最初的字形就是"网"；"纟"呢，与纺织无关，却是一个象形，象的是网的底部，可以提起网的那一部分——这一个关键之处，就是纲。

对于没有见过渔网的人，不妨做这么一个小实验。摊开一块手绢，在上面放上若干糖块，要捏住手绢的一个点把糖块都兜起来，只有一个办法。那就是，把手绢的四个角都向上折，重合在一起。这时，手绢就变成了一个网，那重合的一点，就是纲。

纲对于人的自然属性，并无特殊的意义。对于人的社会属性，意义却极其重大——人与人之间，各种关系的穿插维系，也正像一张网；这张关系网的顺畅紧致，有赖于一个明确的纲，即具有指导性的关系准则。

人际关系有很多，在帝制时代，最重要的有三种：君臣，父子，夫妇。这三种人际关系的准则，就是三纲。君臣的"纲"，在于义。义的意思，前文已经讲过，再简单回顾一下。义的繁体是義，从羊，从我，意为值得"我"用生命去守护的正确的事。帝制时代，君臣之间的关系是金字塔的顶端，其他一切关系都要为这个关系服务。不但要忠，还要守礼，这都是不容怀疑的，必须做到的。如果不考虑孟老夫子提倡的"民为贵，君为轻"（事实上历代统治者都在极力淡化这一思想），君臣之间的"义"确实是需要用生命来守护的。

父子之间的"纲"呢，是亲。《论语》中有一句话可以作为"亲"的注脚：父母在，不远游，游必有方。做子女的，要侍奉在父母的身边，即使是非要出门，也要告诉父母自己的行程，以免父母担心。亲，是极近的距离，包括物理的距离和心理的距离。对于孩子，"亲"意味着可以尽孝；对于父母，"亲"可以对孩子生而养之，养而教之。

父子相亲图

夫妇的"纲"，是顺。顺字早期的字形，左边是水，右边是心或是一个思考的人形。顺是一种有序的流动，这种有序会让人感到舒畅。夫妇是一个小家庭的主体，倘若二者有一个绝对的权威，不论错对都是老大，那人类就倒退为猴山狼群了；倘若二者互不相让，事事都要争着做主，那每个家庭都会变成一个小型的角斗场。家庭要和睦，夫妇双方都要遵守"顺"这个"纲"，凡事三思，由更有道理的一方主导。所谓的"夫为妇纲"，实在是男权主义之下对"纲"的一种误读啊。

古时候春夏秋冬和东南西北是怎么确定的呢?

曰春夏,曰秋冬。此四时,运不穷。
曰南北,曰西东。此四方,应乎中。

"曰",是最早表达"说"这个意思的词,所会的意很简单,就是开口发声。"说"的本字是"兑",所象的形是一个主持祝祷仪式的人(巫觋)在"念念有词"。当"兑"被假借作"喜悦""兑现"等意思之后,才加一个言字旁,另造一个"说"来继承它原有的开口表达的意思。而之前承担这一表意功能的"曰",反而被雅化、书面化,并由此多了一个引申义"称作"。

这一讲所说的,是数字四。春夏秋冬,被称作四时。时,最初的字形所表达的意思是太阳在行进。远古时期,这一定是一个很大的概念。因为,没有精密的计时仪器去测定时间,也没有必要——毕竟那时只是简单的捡拾经济和渔猎经济。因为太阳的行进而使人们有明显感觉的时间单位,是季节。

中国人大约是最早发现季节变换这一自然现象的,因为从目前的考古发现可以得知,中国的农业文明开始得极早。在距今七千多年前的河姆渡文化遗址中,有稻;在六千多年前的半坡遗址中,有粟和菜籽。在现代科学技术进入农业之前,靠天吃饭是常态。三皇五帝时的王,其威信很大一部分来自"沟通天地"的能力（王的字形，表达的也是这个意思）。观天象，授民以农时，是他们的基本职责。据说在黄帝时期，就有不同的官员分别观察记录日月星辰等天体的运行变化（嫦娥就是专管观察月亮的官，后来竟被附会成了月亮女神）。

浩瀚的宇宙，变化万端，而长期对这些海量的"大数据"进行记录分析，竟也有所收获，原来天道也是有"常"的。与此相对应，地面万物的生长也呈现出清晰的规律。

太阳逐渐增加了照耀的时间，气温回暖，草木的嫩芽破土而出，这几个现象组合成为一个字，用来表示这个季节，便是春；气温继续升高，草木加快了生长的步伐，农田里，农夫光着脚，手里拿着尖嘴的锄头，这一幅景象化作一个字，便是夏；暑期过去，天气转凉，饱餐之后的蟋蟀，躲到巢穴中不肯出来，这幅图景，便是秋（篆书在规范这个字形时，把蟋蟀的形状误作了禾与龟，把蟋蟀的巢穴误作为火）；冰冻开始，农事结束，给记录这一年事件的绳索两端打一个结，作为终点，这便是冬（冬的本义为终，表示特定季节后，才又造了一个"终"字）。

春夏秋冬这四时，周而复始，循环不休。古人虽然不知道这是因为地球在自转的同时，又绕着太阳公转，所以才会出现这样的现象，但也非常肯定地知道太阳行进的步伐一刻都不会停止，四时中的哪一时也绝不会因为某个人的喜好而稍作停留。《三字经》中，对此的总结是：运不穷。

"运"，最早的意思是军队的调动。军队最大的特点是令行禁止，行必有方。这个"运"字，说明了四时变化的有序。"穷"呢？最初的字形描绘的是一个人弯着腰，困在狭小的山洞里动弹不得。根据这一象形，"穷"的本义是极，是终点。

我们的先民，仅凭一双肉眼和不多的生活经验，就展现出了超常的智慧，推知四季是运而不穷，真是了不起。

对春夏秋冬四时的认识展现的是先民们的时间感，对东南西北四方的认识则展现了先民们的空间感。

"方"这个字，意义和字形之间的联系有点儿含蓄，需要联想一番才能对上号。点下的一横，所象的形是戴在脖子上的木枷；其余的部分，则是一个站立的人形。这与方向有什么关系呢？在国家的概念尚未形成之前，"法律"也不是严密而规范，倘若有人触碰了族人集体议定的道德或行为红线，便会受到相应的惩戒。比较厉害的一种惩戒，就是赶出部族。这个接受惩戒的人，要被戴上枷，押送到极远极远的地方。他所接受的惩戒，后来称为流放；所去的地方远远超过一般族人活动的范围，这就形成了最早的方位、方向的概念。"方"要被流放多远呢？从东西南北的字义看，还真是不近。

"南"，甲骨文字形像是用绳索系起来的一种鼓形打击乐器，不见于中原，而流行于闽越。从其流变为一个方位名词的过程推知，"方"大约要从河南山西一带，一直走到东南沿海的浙江福建。然后押送他的人回来描述说，当地有这样的奇怪物件，以作为不辱使命、没有半路徇私的证据。

"北"，最初的字义是背，两人背对背站着。出于对阳光的需要，中原文化一向主张面南而居，与此相背的方向，就是北。

"西"，甲骨文的字形像是一个鸟巢、一个打开的行囊，或是一挂晒开的渔网。不管当初象形的是哪一种物体，都和太阳落下的方向有关。由此，西也变成了一个方位词。

"东"，甲骨文的字形像是一个捆扎好的行囊，背这么大件的行李出门，一定要早点动身。而此时能使其辨明方向，不至于迷路的最好的参照物，莫过于初升的太阳。日出的方向，就是东。

假如这东南西北四方都曾有"方"被流放，那么"方"出发的地方，也就是族人聚居的地方，就是"中"。"此四方，应乎中"，中是参照物，四方是与其对应的方位。再假如，把鼓挂起来敲的"蛮人"也要实行流放的话，他们便是"中"，黄河流域的中原，就是苦寒不堪的"北"了。古人这种相对论的思想很了不起，爱因斯坦先生不知是否也因此大受启发。

关于这个"中"，有必要多说两句，因为我们国家的名字便叫作中国。"中"甲骨文的字形是上下两面对称的旗子，意为两军对垒之时，双方距离的中心点。后来省去了下面的旗子，便招来了一种误解，说举旗的首领站在中间，就是中，他的地盘就叫作中国。战争是人类的共同经历，如果真是那样，全世界不知道有多少个中国了。又有人说，中国的意思是中和之国，这又很难解释商周之时就已经出现的中国一词。

还有一种有意思的说法，说中条山一带的部族用日晷测日影（就是在地上插一根小棍，看它的影子）。夏至正午，有一根日晷没有一点影子，当地人便认为这里就是宇宙的中心，可称为中原、中国。从古人对四方异族所取的蛮、夷、戎、狄等称呼看，这一种说法似乎更有道理。如果真是这样，"此四方，应乎中"又有些狭隘和自大了。

近观日晷图

五行的真相究竟是什么?

曰水火,木金土。此五行,本乎数。
曰仁义,礼智信。此五常,不容紊。

这一讲要说的数字,是五:五行和五常。

五行是中国文化中很天才的一个发明。天地化育万物,居然用五种物质就加以代表:水、火、木、金、土。行,本来是个名词,读作háng,意

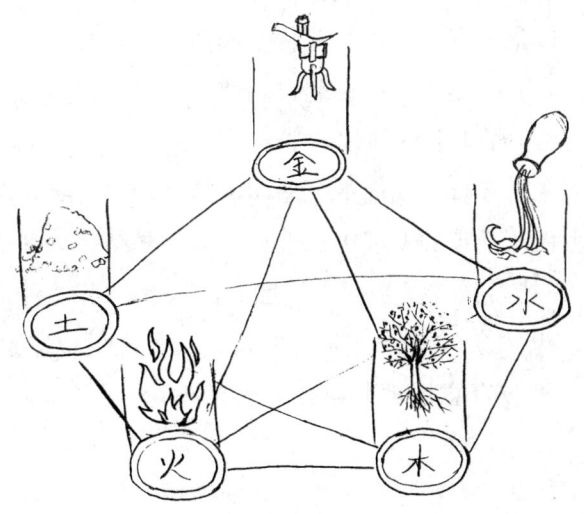

五行相生图

思是通向四方的路口。活用为动词之后，才读作xíng，意思是朝着一个方向前进。五行，证明古人已经发现世界是运动的，各种物质是相互转化的。朝着有利的方向转化，是相生：水生木，木生火，火生土，土生金，金生水；遇着强大的阻力，难以转化的，是相克：金克木，木克土，土克水，水克火，火克金。

五行的发明者不仅没有留下自己的姓名，也没有留下详细的说明。所以今人很难了解五行相生相克的哲学根据，甚至记忆起来也有点混乱。古人对于天地开始频繁地观察和总结，缘于农业经济对捡拾经济、渔猎经济、畜牧经济的超越。五行的"行"，正是一个简易的农业生产模型：春天到了，浇水灌溉，幼苗发芽，这是水生木，木克土；调节灌溉的水量呢，要用到铁锹和堤坝，铁锹挖开，金生水，堤坝堵上，土克水；秋天，庄稼成熟，要用镰刀收割，金克木，一年的劳作换来下一年的丰衣足食，土生金；收获之后，留在地里的秸秆，往往会被一把火烧掉，这是木生火，火势太大，不听指挥怎么办呢，用消防之水，水克火；秋末田间的这一把火，烧好了，丰富的草木灰混入泥土，使之更肥沃，这是火生土，一旦失控跑偏，就会烧毁来之不易的财物，火克金啊！

五行又与五方对应，其表现似乎也能支持我的这个猜想。木属东，太阳升起的地方，象征春天万木复苏；金属西，夕阳落下的地方，象征秋天满满的收获；南方炎热，火属；北方阴凉，水属；中央为土，象征着土地在整个农业系统中最重要的地位。

当然，现在的五行给我们更多的印象是一种与占卦风水有关的神秘理论。这是因为在几千年的发展中，五行先与八卦结合（又或者，五行与八卦本是同根），然后又在汉初糅入了谶纬的内容，汉以后又不幸地被五斗米道所滥用，以致今天面目全非。但是，五行之所以有这般的遭遇，正说明了它是一种被有意识地归纳提炼过的理论，是一种具有普适意义的哲学。

既云其为哲学，五行之间的存在转换、对立统一就必有一个合理且相当稳定的规律。这就是"本乎数"。

"本"的词义第一讲已经讲过，此处的解释是：以之为本。"数"这个词，当"规律"讲的情况不多，引申到这一个意义的过程却很有趣。从其字形看，"数"是一个晚出的会意字，所会的意相当复杂——一个怒目圆睁的人，手拿棍棒，念念有词，对他人进行双重的责罚。谁是受罚者呢？因为有一个造字的元素是"女"，有人认为是妻子，施罚者为丈夫；有人认为是孩子，施罚者自然就是母亲了。"数落"，是其本义，和现在通用的算数、计数、屡次、规律等含义相去甚远。转折的关键是棍棒加责骂，如此恐怖的事情是需要一个合理的缘由的。受罚者必定是闯了祸，施罚者以治病救人为目的，要把他所犯的错误一一列举。列举之时，一二三四要清清楚楚，这大约就是"数"的几个常用的引申义的来源了。"规律"的含义，应该是引申的引申，计数不能随意，一定要依照规则而来。

经过宋、清两代儒家（其实此时的儒已杂糅了一些道的内容）的努力，三纲五常已经不再是温暖的人际关系，而是变成了冷冰冰的铁牢笼。又经过新文化运动的怀疑和"文革"的否定，三纲五常彻底变成了面目可憎的吃人魔鬼。这个结果，恐怕是孔孟先贤所不曾料到的。

常，本来是指时装的裙子。流行，表示它体现着大众的审美趋同。衣服如此，大众所共同认可的道德规范便也被称为"常"。五常是指：仁、义、礼、智、信。

仁，简单的理解就是，即使只有两个人在一起，也能够彼此为对方着想。甲骨文中的仁字，"二"是一个等号，表示人不分贫富贵贱，一律平等。如何才能做到人人平等呢？理解，包容，友爱。仁不是单方向的施与受，而是平等的，你仁，我便也仁；你不仁，我也可以不义。

义，简化前的写法为上下结构，上面一个"羊"，下面一个"我"。"我"在造字之初可不只是一个普通的代词，而是一柄厉害的大斧。意思是，这是我的一亩三分地，你敢来抢占，我就打你，我可是很厉害的！羊是祭祀神灵时必不可少的牺牲（祭品），我保护神灵，当然是正确的；我保护自己的行为如果是正确的，神灵也会护佑我。义，就是公理，就是绝对的正确。人要做恰当的事，倘若作奸犯科，就是不义。

礼，是用美玉敬神。知识储备远远不够的古代，神是自然的主宰。不但要拿最好的器物来敬神，敬神的仪式也要依序而行，一点都不能乱。由此而引申的"礼"的含义则为：以尊敬为核心的社会秩序。如果一个人总能做到守礼，便会被夸作有礼貌。

智，左上角的"矢"代表战争，懂得战争的谋略，称为智。战争的谋略不仅仅是纸上谈兵，还要经过大量的实践总结，所以"智"应该是基于经验的正确的判断力。做人不能盲目，做事不能冲动，考虑问题不能片面，这是先贤将"智"列入五常的婆心所在。

信，不只是中国人重视，外国也有匹诺曹长鼻子的故事。人而无信，不知其可也。作为一个人，所做出的承诺就一定要兑现；如果出尔反尔，言出不践，那怎么配做一个人！老祖宗说到这个信字，是动了真肝火的。孔夫子还打了个比方，说一个人不守信，就像一辆被抽掉了轴和销栓的车，寸步难行。

这五个"常"，都很好。之所以遭受误解，乃至于有如此悲惨的遭遇，有时代的因素，也有后代腐儒僵化理解的因素。现在，随着时代的发展，对传统文化产生怀疑的年代已经过去，我们真该静下心来，好好体悟一下五常的正确性和必要性，然后以之为标尺，衡量一下我们的言行。人诚然需要自由洒脱，但面对这五条规范却"不容紊"。紊者，乱也。若不能一丝不苟地对待这五常，你的人生就会成为一团乱麻了。

六谷六畜与人类文明发展有什么关系？

稻粱菽，麦黍稷。此六谷，人所食。
马牛羊，鸡犬豕。此六畜，人所饲。

六谷和六畜，如今已经是我们生活中缺之不可的一部分。然而，与自然走到这样融合的地步，先民们却经过了一段漫长的历程。而且，在这一段历程中，六谷重要还是六畜重要这个小问题居然酿成了大麻烦，直接导致了日后同胞之间无数次的战乱。

谷，是个假借字。谷的本义是水从山口间流出来的地方，因为那里的环境极适合包括谷物在内的植物生长，所以被借用来表示作为庄稼的"谷"。"谷"的本字，是穀，字形所表达的意思是味道香甜的籽实。

有一个词叫作果实，指的是水果和"谷"实。早期的人类食物来源单一，果与实加入食谱，使先民可以在没有捕到猎物时也能果腹，从而大大提高生存的概率。但果与实虽然并举，却并非同时进入人类的食物链，二者在早期经济生产历程中，相隔了有三期之久。

人类的经济活动，第一期是捡拾经济。其时，人类还不怎么会制造工具，没有多少和自然万物较量的本钱，只能睡在水帘洞，吃在花果山——掉落的野果子是那时的主要食物。第二期是渔猎经济。各种动物本来和人类相安无事，却冷不防遭遇了高科技的弹弓和竹箭，吃了大亏。人类则大获全胜，依靠自己的智力成了万物之灵长。此后，但凡是活物，管它是天上飞的地上跑的水里游的，只要见到了，必定要想办法把它们请上餐桌。胜仗越打越多，食量却增长有限，猎物便屡有剩余。贝壳多了，可以挂出来炫富；动物多了，可以圈养起来，以备收获少时食用。人类的经济活动因此进入第三期，畜牧经济。"马牛羊，鸡犬豕"，这六畜就是在这个时候开始与人类长时间近距离接触，并最终通过驯养和基因选择，成为家禽和家畜，与人类化敌为友。第四期的农业经济，出现得最晚，持续的时间却最长。

农业的发明，需要几个条件。第一是适宜的地理环境；第二是火的利用；第三是工具的制造已成为习惯；第四是好奇心。前三条是早已具备了的：早期的"中国人"生活在肥沃的河淮三角洲，旧石器时代也已经到来，燧人氏将天火留在了人间。第四条本也不缺，但还需要加一点点智慧，把植物的生长和天时联系起来；还需要加一点点勇气，敢于亲尝百草，一天中毒七十余次依然兴致勃勃。

神农氏未必是第一个发现六谷的人，但他应该是第一个将农业系统化的人。从此，在渔猎与畜牧的间歇，春天播种，秋天收获，到了西风凛冽的寒冬，再也不用担心没有"所食"了。神农氏所没有料到的是，他的这一发明居然使一向团结的部族内部产生了严重的分歧。

人类用工具与火取得了和自然抗争的优势地位之后，部族内部逐渐形成了以更亲近的血缘关系联结而成的战斗小分队，也就是家庭或家族。一部分家族认为，土地既然可以给我们如此丰富且稳定的食物，那何不就近构巢而居；另一部分人却认为，吃了几百年的荤，何必改吃素呢？赶着成群的牲畜，追着太阳走，追着水草走，何等地自由！

话不投机，就此别过。选择离开的人们离开河淮三角洲，专心放牧，牲畜越多，走得便越远，由游牧部落演变为游牧民族。选择留下来的人们则专心于开垦种植，在稳定的地域积累财富与文明的同时，也滋生了一种优越与自大的感觉，认为此处就是宇宙的中心，而对迁播四方的原来的同胞给予了充满鄙薄的蛮夷戎狄的称号。那游牧民族呢，倒不觉得这称呼有什么不好，但在一直遵循的弱肉强食的自然法则的指引下，却也对日渐富庶的中原生出

稻粱六谷图

第十讲 六谷六畜与人类文明发展有什么关系？

了觊觎之心。本是同根生的兄弟，只因为对农业文明的意见不同，竟然变成了刀兵相见的死敌。这一打，从战国后期一直打到了清末，在现代文明的调停之下，方才又成了和而不同的一家人。

那闯下"大祸"的"六谷"，也是中原文明最大的功臣。六谷不是全部的农作物，只是几个早期的代表。饮食的进化也有一个规律，第一阶段是烧烤；第二阶段是蒸煮；第三阶段是煎炸；第四阶段，也就是目前的最高阶段，才是炒。因此，早期的农作物一定要可以烤着吃才行。六谷的共同点，就是籽实是唯一可食用的部分。稻，原来并非是大米的专称，是需要用到臼来脱壳的作物的统称；粱，是指要用镰刀收割的高秆作物，籽实可以酿酒；菽，是豆类的总称；麦，是由南欧及西亚传来的，本来的名字是"来"，后来才称作麦；黍，是一种禾穗下垂、籽实也可以酿酒的作物，脱壳后称作黄米；稷，本义是人在田里插秧，后来被抽象为百谷之长，又提升为谷神，与土神"社"合称"社稷"，作为国家的代名词。

民间又有"五谷"一说。这个说法的来源很可能是来自《论语》中老农夫教训子路的典故。何为五谷？有人认为没有稻，有人认为没有粱。我的观点是，这和中国人习惯的数字崇拜有关，不必计较。至于为何五谷比六谷更为流行，大约是因为五行思想的广泛应用。

六畜也是如此。马牛羊，鸡犬豕，是早期家畜的代表。选择留在中原的先民尽管中意于农业，但也并非全部放弃畜牧业。饲，原来指喂养小孩，后来变成饲养动物，这一词义的变迁正说明了先民对于驯养动物这件事的重视。驯化以后的家畜，一来能够提供肉食，二来能够帮助耕作，实在是我们很好的动物朋友。六畜之中，哪一种重要呢？大约是羊。因为汉语中有很多与羊有关的单体字，如美、羲、羹。

国学和医学中的七情六欲是一样的吗?

曰喜怒,曰哀惧,爱恶欲,七情具。
匏土革,木石金,丝与竹,乃八音。

七情六欲,现在被连作一个词来使用,用以区别人与一段行动的木头。而具体是七个什么情六个什么欲,倒少有人深究了。

六欲,最早出现在《吕氏春秋》中:"所谓全生者,六欲皆得其宜也。"大意是说完美的人生,六个指标都要刚刚好。但吕不韦的门人们并没有说明六个指标的具体内容。东汉的高诱注解道:六欲,生死耳目口鼻也。这样的人生指标不可谓不高:生的伟大,死的光荣,花香之中尝美食,听着小曲儿看风景。但这个解释中,生的内涵包括了后四种,有点啰唆。倒是佛家的"六根"更合六欲的意:眼、耳、鼻、舌、身、意。——生理上的六种欲望。

七情,儒家的说法正如《三字经》这一讲所总结的:喜、怒、哀、惧、爱、恶、欲。医家的说法略有不同:喜、怒、忧、思、悲、恐、惊。哪个对呢?都对。儒家的出发点在于,七种不同的情会左右人们做出不同的事;医家则只关心,七种不同的情会对健康造成哪些伤害。两种说法中,喜、怒、哀(悲)、惧(恐)是完全一样的;其余六种情,却很难合并。所以,最全面的说法应该是"十情":喜怒忧思爱,悲惧恶欲惊。——心理上的十种情绪。

喜，就是欢笑，高兴。口字上面的部分，象的形是庆典所用的鼓，二者相连，就成了一个会意字：在庆典上开心地欢笑。

怒，既是形声字，又是会意字。奴的本义是被抓来做苦役的女子，既失去了自由，又做着不情愿的事，打心底里生出来的不满，就是怒。

哀，由衣和口会意而来，本义是穿着孝服哭泣。将这种失去亲人的悲伤情绪抽象出来，就是广义的哀。

惧，在金文中是上下结构，心字底上面是一个"瞿"，象形的对象是一只大眼尖嘴的鹰隼。这样一个狠角色倏然落在面前，怎能不从心里感到害怕呢？

爱，造字之初就充满了罗曼蒂克的意味：一个人将心捧在手里，向所爱的人喃喃地倾诉……

恶，指面对不如己意的事物时心里的感受。《说文解字》里说"亚"像一个人弓着背的形状，有丑的意思。爱美之心人皆有之，去美而恶之的心，也是人类的共性啊。

欲，是一种很难满足的渴望。按其字形，有两种很有意思的训法：一种是面对山谷一声叹息，所谓欲壑难填；另一种则认为谷不是山谷，而是像一个为了所欲放弃了形象、放弃了自尊耷拉着眉眼的人。心里有所渴求是正常的，但贪得无厌至这副尊荣，就难免会让人"恶"了。

不管好与不好，七情六欲都是和我们的肉身一样与生俱来的，是人的自然属性的体现。所以不必回避，坦然地承认，坦然地表达。所需要注意的，就是无论哪一情哪一欲，都切莫过度。

《论语》里有一个词叫作"过犹不及"，正好用来解释中国人所推崇的"中"的处世态度。"中"的外化，是"和"。《中庸》里说："喜怒哀乐之未发谓之中，发而皆中节谓之和。"和，看起来是个形声字，其实会意的是用口吹禾管，是个和音乐有关的字。节，是指用一节有底的竹筒做成的碗。吃罢了饭，翻过来，用筷子一敲，也是一样乐器。

音乐在中国早期文明中，是一个非常了不起的成就。它不仅满足着人们的"耳欲",还能"律吕调阳",起着标准计时器的作用(传说最早的音乐,起源于黄帝之时,他命伶伦截取长短不同的竹管,依其不同时节发出的音来校准时间);还能正人心,定规矩,起着道德教化的作用。

八音,指的不是八个音符,也不是八种音乐,而是八种能发出动听音乐的乐器。这八种乐器,分别由八种主要材质制成:匏、土、革、木、石、金、丝、竹。西方古典音乐的乐器都包含着极高的技术含量,所以更专注于音乐本身;中国传统的"八音"则都是从自然界信手拈来,体现着天、地、人三才的"和"。

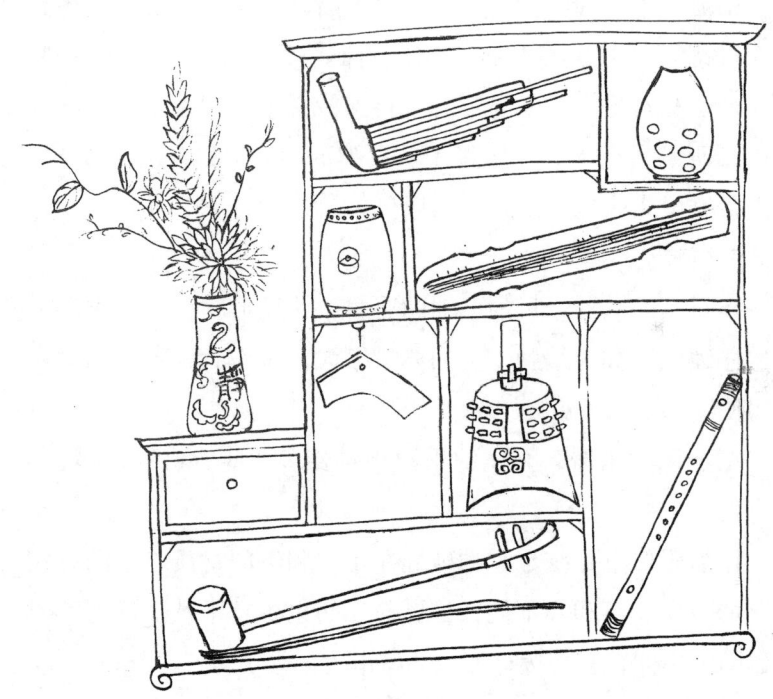

八音乐悬图

匏,是只有一个肚子的葫芦。切开可以当舀水的瓢,经过乐师的巧手又可以奏出美妙的音乐。可惜的是,匏作为乐器的形状早已失传,在文献文物中也没留下太多线索。唯一能让我们加以想象的,是现在还有的被归入"匏属"的两件乐器：笙和竽（二者很像，竽比笙稍大些）。

土，指黏土、陶土。地处黄土高原的秦国有两件极有代表性的土制乐器。一件是埙，像一个大鸡蛋，上面有孔，可以吹奏出声。另一件是缶，其实就是个瓦盆，属于打击乐器。和它有关的最著名的故事，莫过于秦赵渑池之会时，蔺相如逼着不可一世的秦昭王敲了一段，回头对随行的史官说，记下来，秦王为赵王击缶。

革，是指去掉动物皮上的毛，使之光滑可用，后来用作动词时指去除，用作名词时指兽皮（以区别于人的皮肤）。革制的乐器，鼓是代表。

木，指木制的乐器，分两种情况。一种纯是木质，比如柷，像一个斗的形状，用槌一敲它的内壁，就是一首乐曲开始演奏的信号。还有敔，是一个木头的老虎，背上有数排木刺，用槌一刮，就是一首乐曲结束的信号。另一种是和丝配合，作为琴的主料。传说东汉大音乐家蔡邕在乱世奔逃的途中，听到所宿人家炉膛里木头爆裂的声音，认定是做琴的好材料，飞奔过去将这段木头抢救出来，缚以丝索，果然音质非凡。这就是四大名琴之一的焦尾琴。

石，指石制的乐器，目前已知的有磬，曲尺形状，悬挂敲击，多按照律吕的次序编组，称为编磬。磬的体量较大，多作为礼器使用，在青铜质的磬普遍使用后，石磬就越来越少了。

金，指金属的乐器，金属的乐器相对要多一些，有钟、锣、钲、钹，等等。

丝，作为乐器也称弦。它的妙处在于，和不同材质以不同方式结合可以有不同的音质。筝和琴不同，琵琶与二胡也各有千秋。乐器不同，演奏的方式也随之不同，有指拨、弓拉、敲击（扬琴）等。

竹，作为乐器也称管，以笛、箫等为代表。

在中国历史上，八音也并不是相伴始终。土、石、匏三者要早一些；礼乐结合后钟鼓长期居于庙堂；东晋以后，文化南移，管弦一度作为士大夫雅乐的代名词；而丝与竹在南北又有极大的差异。这些内容，都与具体时代的文化密切相关，此处就不深论了。

九族到底是怎么计算的？

高曾祖，父而身。身而子，子而孙。
自子孙，至玄曾。乃九族，人之伦。

古装剧看多了，"九族"变成了一个令人胆寒的词。皇帝老儿一生气，就要诛九族，几百口子被押赴刑场，咔嚓咔嚓，一个家族便彻底消失了。

九族有没有这么多人？说法不一。第一种观点认为，九族就是以自己为中心，上下各数四代；第二种观点则认为，九族分三个部分：父族三代，母族三代，妻族三代。皇帝老儿所诛的，或许是第二种，我却认为，第一种更有道理。

"族"这个字，原是指有血缘关系的同姓的（注意，不是同氏）直系亲属的聚居单位。左边的方字旁，象形的是一面迎风招展的旗；右边的一半，象形的则是刻有某种花纹的箭头。合成之后所会的意，有人解释说是同宗同姓的人聚居在一起，会立一面旗，上面画着自己这一族的LOGO，以告诉他人这是我们的地盘；还有锋利的箭头，用以警告并击退那些觊觎本族财物的敌人。

对这个解释，我再补充几点。第一，在旗发明之前或同时，应该还有图腾柱、图腾物作为"族"的标志。第二，这个族，可能是以相同的姓为纽带的宗族，也可能是同姓兄弟各立山头以氏为号之后的氏族（实际情况中，氏族的可能性更大）。第三，刻花纹的箭头倒不一定都是对付敌人，还有可能是出于和平的目的。氏族之间，或是氏族内的家族之间，虽然各自有自己的小天地，但协同作战的狩猎活动还是经常会有。一只猎物中箭倒地，倘若不能从箭头上辨识归属，就很可能会引起争议。

姓的统一，是族的基本特征。因此，以父族、母族、妻族为九族的说法似乎不太可靠（尽管这一说法东汉时就有学者提出）。

真正的九族是："高曾祖，父而身。身而子，子而孙。自子孙，至玄曾。"这个族，在同宗的基础之上，又有代、辈的含义。从自己开始，向上数一代是父亲，再上是祖父，然后是曾祖父，高祖父；向下第一代称子，第二代称孙，第三代是曾孙，第四代是玄孙。

九族以高祖始，以玄孙终，似乎有点不太过瘾。中国五千七百多年的文明历程，假如一个"族"的血脉一直不曾断绝，那得有三百"代"左右了。秦始皇不是就想着二世三世乃至于万世无穷吗！之所以用区区的九族作为一个单位，我认为有以下两个原因。第一，九是最大的阳数，本身就包含着"无穷大"的意思。第二，以每"族"之间二十年的年龄差计算，一个人二十岁时，父亲四十岁，祖父六十岁，曾祖父八十岁，高祖父一百岁——已经接近人类自然寿命的上限。也就是说，一个无比幸运的人，他或者可以见到自己的高祖父，或者可以见到自己的玄孙。超越九族的幸运，尚未见诸任何记载。

高，甲骨文的字形是一座吊脚楼的样子。在刚刚离开洞穴开始构木为巢的远古时期，这样的楼一定是整个氏族聚居地最高的建筑物。以这个字（词）来命名我们能见到的最高级的长辈，是极为贴切的。后来有的王朝把开国之君的庙号也称为"高祖"，如汉高祖、唐高祖。

曾，甲骨文的字形是锅内置水，水上置屉，用火加热，蒸气可以把屉内的食物蒸熟。引申义的出发点，在于隔着一层。曾祖父的曾即取此意，表示祖父之上的又一辈。

祖，原始的字形只有右边的"且"，中间的"="是指事符号，所指的事是平分祭祀祖先时的祭肉。之后又引申为平分祭肉祭祖的地方，再引申为需要认真虔诚祭拜的祖先。"礻"这个偏旁，意思是上天通过各种天象对人类所做的告示。以虔诚之心祭祖，显然是上天所乐见的。但此时的"祖"指的是全族的共祖，或是在本族历史中功勋卓著的传奇英雄。"祖父"这一专称，大约是因为父亲就是孩子心中的大英雄，所以给孩子讲述自己的父亲，就称之为"祖"了。

父，本义是"斧"。甲骨文的字形是一个手的形状，加一条指事的竖，表示这是一个手持的生产工具。后来被用来指手持工具进行生产的男人。要注意，在"家"这个单位没有稳定之前，本族身强力壮的男子都可以被称为"父"。"父"成为一个家庭的主要劳动力之后，生产之余，他又有一个新的任务，就是教育自己的子女。养不教，父之过。有的学者据此把"父"的原始字形解读为手持棍棒教导孩子，也有些道理。

子，是一个褓褓中的幼儿的形状；孙，是在"子"的旁边加一个"幺"，表示比"子"更小的"子"。

幺，再现的是搓草绳时，一点一点地添加新草，从而使绳越来越长的场景。后来演化出两个引申义，一个是有规律的变化，一个是远，远到看不清的远（老子所说的玄，就有这个意思）。与孙再隔一辈的，是曾孙。玄孙，就是比曾孙更远的孙。

孔子认为孝悌是治国之始，理论的根基是人不但有自然属性，而且有社会属性。家是最小的社会单位，国是最大的社会单位（在天下大同实现之前），每一个个体，倘若都能清楚地知道自己在家中的位置，恰到好处地处理与九族所有成员的关系，那么整个国家都会呈现出和谐有序的局面。

伦，是先哲们对家族之内秩序的总结。"仑"的本义是一种极古老的管状乐器，称为"龠"，形状为几根长短不一的竹管排在一起，用以吹奏和音。对于听者来说，最要命的就是有哪一根竹管淘气，跑到别的音区里去，那发出来就是刺耳的噪音。加一个单人旁，是说人世间的秩序也要有序而和谐。中国历史上的商纣王、隋炀帝等暴君，后人始终不肯原谅他们，就是因为他们"乱伦"的行为，是推崇中正平和的主旋律的中国人所不愿听到的噪音。

在延续了几十年计划生育政策之后，中国目前有大量的独生子女。许多九族之内的亲属关系变得陌生，"小太阳"们习惯了以自我为中心，有点儿搞不清自己在"九族"之内的位置。这里简单画个图示，让孩子们看一下，他们并不是像自己所想的那么孤单。

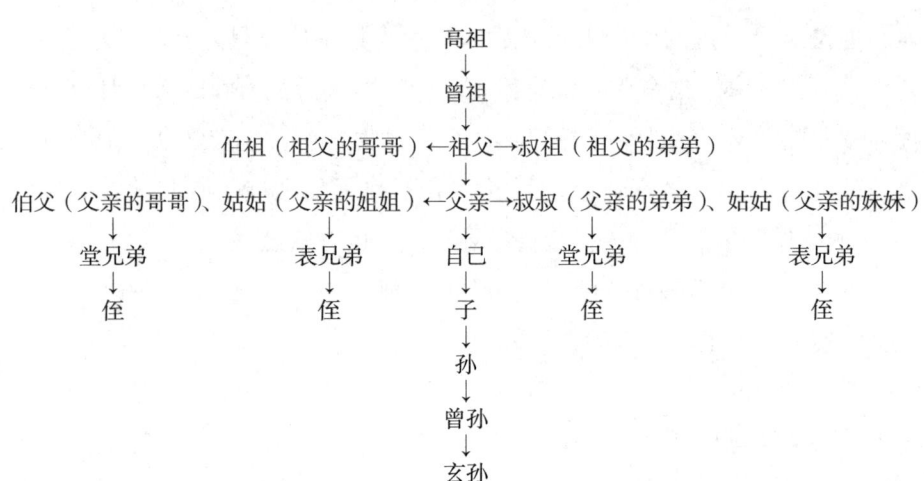

如何理解人生的十义?

父子恩,夫妇从。兄则友,弟则恭。

长幼序,友与朋。君则敬,臣则忠。此十义,人所同。

学习这一讲,首先要能数出十个"义"来。

人的一生,社会角色在做着阶段性的变化。尽管在人生最华彩的几十年,许多角色是重合的,但针对某一角色的具体定位依然十分清晰。小的时候我们为人子,为人兄弟,长大之后为人夫或妇,又为人父母,都会有同乡、同学、同事、朋友,如果靠俸禄生活,还是臣(若将每一个单位比作缩小的国,各位CEO也可以过一把为"君"的瘾)。

把这些角色整理一下,可以分为两两相对的五个组:父子、夫妇、兄弟、长幼、君臣。每个组的两个角色,都要依靠对方才能有"存在感"——没有子,就没有"父";两个角色又互为动作的对象——父要教子,子要孝父。而且,每一个角色的定位也要以对方为依据。

这些"定位",称为"义"。关于"义",前文已经有过两次解释。作为名词,义有点近似于绝对真理,正确得不容怀疑。辩证法高手或许对此颇不以为然,哪里有什么"绝对"!人生需要哲学做指导,但把人生过成哲学就有问题了——有一些哲学家被怀疑有精神病,这事儿值得警惕。有些偶然是人生的必然,有些必然却不能够偶然,比如"义"。

这一讲所探讨的"十义",有点像扩大版的"三纲",每一条对于人生都有着牵一发而动全身的决定意义。具体的解释可以是:作为某一角色,所必须要遵守的基本原则。还可以打个比方:人生如棋,无论和谁对弈,你总要遵守当局的游戏规则。

父母对于孩子的义,是恩。更准确地说,是施恩。恩字上面的"因",是依靠的意思。恩之两端,施恩者要发自内心地给对方以依靠;受恩者要打心眼儿里对这份依靠表示感激。若是某一善行附着了任何条件,那就不是纯粹出于本心,就不能称之为恩,只能算作交换。孩子是父母创造出来的生命体,如此的大恩,可谓是极致了。父母给孩子以衣食,给孩子以照拂,都是这一大恩的延续。倘若父母因此要求孩子有所回报,那就冲淡了之前的恩。有一出著名的戏叫《琵琶记》,敷演的是东汉大学者蔡邕的故事。蔡邕想留在父母身边尽孝,父母却想让他考取功名以增加荣光,两相矛盾之下,蔡邕被迫应试,结果却落得忠不忠孝不孝尴尬的一生(历史上的蔡邕倒不尽如此,金元年间流传的赵贞女蔡二郎的故事反映的多是当时文人的情状)。

孩子对于父母的义,是孝。更准确地说,是报恩。这一条在过去不用多讲,在当今的社会却成了一个严峻的问题。有一个时髦的词叫作"二代",年轻人背负着这个身份,完全是本末倒置。当自己有完全行为能力之后,首先应当报答父母的大恩,如何能因为父母的无私而变本加厉地继续索取?看到一则新闻报道,说孩子因为父母没有给他去网吧游戏的钱,居然将父母殴打致死。这样不知义的"二代",真是让为人父母者不寒而栗啊。关于孝,我们已经讲过了黄香温席的故事,以后还要学习探讨许多孝的内容。其实作为报恩之举,最简单的就是如孝的字形所示,在父母行动不便时给之以搀扶依靠,就像小时候父母对我们那样。

夫妇之间的义,是从。再具体化一些,可以说夫要和,妻要顺。不夸张地说,夫妇是最复杂的二人组合。男尊女卑时,夫为妻纲,有许多《杜十娘》《琵琶行》《孔雀东南飞》的悲惨故事;提倡男女平等后,又有许多男同胞哭诉"妻管严"的痛楚。客观地看,绝对的平等似乎很难达到，那么，谁来做老大，以实现相对的平等就是个现实的问题。十义中的这一义，对于处在困惑中的夫妇们是个很好的参考。从，字形是二人相随而行；《说文解字》又解释说：从，相听也。两个意思综合起来就是，夫妇之间的义，要互相听从，在具体的事务上，谁有道理谁就做老大。

兄长对于弟妹的义，是友。友的本义，是协力互助，此处所取的，是鼓励帮助的意思。兄长比弟弟妹妹所多的，是体力、阅历，要利用这一优势，帮助弟弟妹妹成长。

弟弟妹妹对于兄长的义，是恭。此处的恭，与前文所讲的悌同义，而且更加形象化。兄的本义是主持祭祀的年长的人，弟的本义是按次序而到的后者，恭的本义是如供奉神龙时的虔诚，兄长比我们有着更多的知识，又愿意无私地帮助我们，当然要很诚心地尊重啊。

兄友弟恭图

"长幼序，友与朋"一句，相当费解。如果这一对儿关系对象说的是"长幼"和"朋友"，那就是"六伦""十二义"了；如果说的是"朋友"，

"长幼序"又显然不是与之相对应的"义"。

《礼记·礼运》中对"十义"的说明是：父慈、子孝、兄良、弟悌、夫义、妇听、长惠、幼顺、君仁、臣忠，由此可以推断，这一句讲的是"长幼"——除了父子、兄弟之外。序，本义是四通八达的回廊；"长幼序"，是说没有血缘关系的人而在同一个社会环境中相遇，朋友、同乡、同学、同事等等，都属此类。长幼之间的义，是友与朋。友的本义，是齐心协力；朋的本义，是志趣相投。长幼之间有忘年交，有楷模榜样，年龄还真不是关键的因素。

君对于臣的义，是敬。敬的基础，是尊重；而尊重的基础，是平等。君臣地位有别，对居于高位的君而言，做到敬还真不是一件容易的事。历史上，这一条似乎也是明君与昏君的分野。桀纣对于臣下倨傲而残暴，终至亡国；唐宗宋祖是礼敬臣子的模范，青史流芳。

臣对于君的义，是忠。我上学时的导师对"忠"字有一段很精彩的讲解，他说，心中有"中"即为忠。中是什么呢？过去没有麦克风，首领（或是大王）在发布命令时会让属下围成一圈，自己站在中间，他就是中。作为大臣，心里只能有一个"中"，如果三心二意，心里有两个"中"，那就是"患"了。

以上的十义，"人所同"，不管是帝王将相还是布衣百姓，概莫能外。"人所同"的"同"，字形很有意思，描绘的是大家一起用巨夯平地时，口中喊着同样的号子。对"十义"有所怀疑，或者存心挑战的人，正像是在打夯时故意比别人慢半拍，大家都撒了手，你还抓着，极有可能会砸到脚啊。

训蒙比开蒙、启蒙更高级吗?

凡训蒙,须讲究。详训诂,明句读。
为学者,必有初。小学终,至四书。

训蒙,是指教导初学的小孩子,用现代的词来描述,就是幼儿教育。与它相近的词,还有开蒙和启蒙。三个词中,以开蒙最为简单,启蒙最具普遍性,而训蒙则最为准确。

蒙,《说文解字》解释为"王女也",是一种最大的"女萝草",甲骨文的字形,是用这种叶片极大的草编一顶帽子戴在头上,低垂的叶片将眼睛完全遮住。后来用这个形象来比喻刚具备基本的行为能力,而对周遭的事物还没有认知能力的儿童。开蒙,是用手将叶片掀开,使孩子能够看到眼前的世界;启蒙,在用手开的同时,加了一个口,所会的意是一边掀开叶片,一边告诉他即将看到什么景色;训蒙,则是在开蒙的基础之上,用语言来告诉孩子,如何才能在这眼花缭乱的景色之中,寻找一条正确的路走下去。

世纪之交的前后,往往带给人们希望与焦虑相互杂糅的复杂感情。二十一世纪的到来也是如此,又恰逢计算机和互联网技术的发展带来了文明载体的革命,跨世纪的一代真是又兴奋又焦虑。所以,当前许多家长在给孩子"训蒙"的环节走入了一个大大的误区,那就是:不要让孩子输在起跑线上。想"赢"的具体做法是拔苗助长，过早地给孩子灌输太多的学科知识（不是科学知识）。殊不知这样一来正好是抛掉了高级的"训蒙"，而回到了初期的"开蒙"阶段。

训蒙，对孩子一生的走向至关重要，马虎不得，"须讲究"。讲，指的是纵横论述，务求广度；究，用手去探寻洞穴的尽头，务求深度。讲究，体现的是在全面了解基础之上的认真谨慎。

训蒙，首先需要"讲究"的是两门功课：训诂和句读。训，言出如川。有人根据这个字形解释其义为滔滔不绝地讲道理。坦白地讲，我不赞成这一解释。除非有人给我戴上金箍，并且念起那令人头痛欲裂的咒语，否则我绝没有耐心听他对我滔滔不绝。百川归海，我认为训的意思是师长的"言"可以让我找到朝向大海的方向。诂，是古代的语文；训诂，就是穿越时空的阻隔，用现代的语言正确地解读古时候的文字。句读的"读"，就是逗号的逗，是指给文章加上适合的标点。中国文字产生之初，受困于书写工具和载体，句与句之间是不加标点的（之所以使用高浓缩的文言文，也是这个原因），后人在阅读古人经典的时候，首先要解决的就是断句。倘若功夫不到，点错了逗号，很可能就会闹出南辕北辙的笑话。有个老段子，"下雨天留客天留我不留"，一种句读法是"下雨天，留客天，留我不？留！"；还有一种句读法是"下雨天，留客天，留我？不留！"依前一种，我大可以坐下来，围着"红泥小火炉"喝一杯"绿蚁新醅酒"；若是读成了第二种，那人家就是下了逐客令，赶紧灰溜溜地赶路去吧（这个段子还有很多种句读法，读者不妨试一试）。

训诂与句读，过去被合称为"小学"（小学还包括文字学、音韵学等内容，因为古今变化极大，现在已经成为高深的专门学问了），意思是学习的基础。"为学者，必有初。"打好了小学的基础，要从哪里开始学习呢？中国人一向注重文化的积累，可供学习的内容实在太多，儒家的学者对于这一问题思考得多，努力得也多。在儒家思想成为正统哲学之后，从儒家经典中选择初学的内容也就不足为奇了。"四书"，就是儒家的四部经典。准确地讲，是两部书加两篇文章——《论语》《孟子》，以及从《礼记》

学童识字图

中摘出来的《大学》《中庸》。这四部书，并不是一套有意创作的"丛书"，把他们摘编在一起的，是宋代的大儒朱熹。朱熹注释《论语》，又从《礼记》中摘出《大学》《中庸》两篇，分别加以句读注解，再增以《孟子》，合刊为《四书章句集注》。之后，这部书成为"为学者"的入门宝典。明清两代，把"四书"作为科举的唯一参考内容，还必须用"八股"的形式作答，给"四书"背上了僵化教条的恶名。

　　四部书的具体内容，我们将在下一讲做详细的介绍。

《论语》是一部什么样的书？

> 论语者，二十篇。群弟子，记善言。
> 孟子者，七篇止。讲道德，说仁义。

《论语》对于想做点儿什么的人，就是一部包罗万象的"人间指南"。一个有意义的人生，从孝悌谨信、爱众亲仁开始；过了这一关，可以去"学文"；怎么学呢？"学而时习之，不亦说乎？"学习成绩好，"学而优则仕"；做官先正己，"身正，不令而从"。遇到牛人怎么办？见贤思齐；被人误解怎么办？"其恕乎。己所不欲，勿施于人。"……

两千多年来，《论语》滋养了一代又一代中国的脊梁，其中所蕴含的为人为学为政的精神在历经战乱之后依然不绝如缕，凝聚成了中国人之所以区别于外族的群体性格的核心（以血缘为主要内容的种族意义上的中国人的概念，在南北朝之后就很模糊了）。

《论语》，是记录孔子及其弟子言行的语录体散文集。所谓语录体，就是一些碎片式的谈话记录。你一问，我一答，或者师生之间随意地聊天，有学生觉得有意思，就记下来了。这就是"群弟子，记善言"。正因为这样的随意性，所以《论语》并不是一部有先入为主的主题然后有意创作的说教著作，而是读来极其亲切；书中所呈现的孔夫子的形象也不像宋儒之后的高高在上，而是七情皆具，生动活泼；全书的篇章也没有什么系统性，甚至一章之内的几则也互无关系。所谓"二十篇"，不同的版本数字也不一样，每一章的篇名，"学而"也好，"尧曰"也罢，都只是随意撷取第一则的头两个字而已。经典编得如此任性，很可能的一个原因是，《论语》成书之时，"书"的概念尚不明朗，"书"的体例尚不完备，最初的编辑者更加注重的是质而不是文。

孔子讲学图

我们已经知道，《论语》并没有一个明确的作者，那么，这部书是谁编的呢？有一个有意思的现象，《论语》的前十篇和后十篇中，对孔子的称呼并不一样：前十篇和国君对话时，称"孔子"，和其他人对话，则称"子"，后十篇则不管和谁对话，多称"孔子"；学生向老师提问，前十篇皆尊称"子"，后十篇则只称"孔子"。据此推断，《论语》的编辑时间跨度可能不短，编辑者也不仅仅是孔子的弟子，还有"再传弟子"。

《论语》的书名是什么意思呢？"论"，不读四声而读二声，显然不是讨论、论述的意思。汉末刘熙《释名·释典艺》云："《论语》，记孔子与弟子所语之言也。论，伦也，有伦理也。语，叙也，叙己所欲说也。"《论语》中的内容，都和人有关，都是对人进行规范、教育和合理的引导，正与"伦"的内涵相合。

大略给《论语》的内容分分类：一是做人的基本道理，如"入则孝，出则弟，谨而信，泛爱众，而亲仁"；二是"君子"这一理想人格的描述，如"君子不器"，"君子和而不同"；三是如何学习，如"学而时习之，不亦说乎"；四是教育的方法，如"不愤不启，不悱不发，举一隅不以三隅反，则不复也"；五是如何为政，如"其身正，不令而从，其身不正，虽令不从"；六是关于治国安邦，如"先有司，赦小过，举贤才"。

如果用八个字来总结，是"君君，臣臣，父父，子子"；用两个字来总结，是仁和礼；用一个字呢，那就是伦。

伦，词源与"乐"有关，核心的意思是人世间的秩序，容不得一点差池。乐的特性，也是不能有一丝噪音。而且，乐，只要合律，就能给我们以愉悦。伦，必须谨守，也是为了守护人间的至乐。

孟子就是"昔孟母，择邻处"中的那个小淘气孟轲，被母亲折断机杼教育一番之后，居然脱胎换骨，一跃而为学霸，再跃而为子思（孔子的孙子）的高足，三跃而为思想家，后世尊称为亚圣。孟子继承了孔子思想的一半：仁。他认为人性本善。

孟子颇想效仿师祖孔子，周游列国以寻找施展抱负的机会。但那时号称战国，每一个君主都只想两件事：打仗，歇会儿再打。所以孟子的仁政主张始终没有找到市场，尽管齐、梁、滕等国的国君都待他相当不错（比孔子累累然如丧家之犬，厄于陈蔡的穷游可强多啦）。

失望之余，孟子回来和学生万章一起专心著述，以更深远的方式来匡正世风。《孟子》一书不长，"七篇止"，但却是历史上第一部作者为了表达自己的观点而有意创作的书（《尚书》《山海经》都有作伪之嫌，《诗经》是整理的，《周易》是资料汇编，《春秋》以事实为主，个人观点很隐晦）。现在靠写文章讨生活的人，应该拜孟子为祖师爷。

孟子的文章，内容只有一个："讲道德，说仁义。"文章的风格也是四个字：理直气壮。这首先是因为孟子笃信"仁"的力量，有信仰；其次是因为他一心为民，绝无私心，正应了那句无欲则刚。

不过，除了思想较为自由的宋代，亚圣孟子在身后所受的待遇并不太高。他要求国君心怀仁爱，多行义事，遵从天道，以德服人。立论根基是"民为贵，社稷次之，君为轻"。试想，坐在那称孤道寡的宝座上，有几个人能听得进去这逆耳忠言呢？

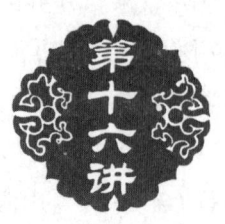

"中庸"这么高端的词为什么会沦为贬义词？

> 作中庸，子思笔。中不偏，庸不易。
> 作大学，乃曾子。自修齐，至平治。

《中庸》原来是一部书，作者是孔子的孙子子思。西汉时被戴圣编进了《礼记》中，于是变成了一篇文章。到了南宋，又被朱熹摘了出来，列于四书，于是又变回了一部书。

《礼记》是为人处世的规范大全，四书是百世不易的哲学经典，《中庸》能在此二者中被来回折腾，足见其在先贤心目中的重要性。

这部重要的《中庸》，篇幅并不长，只有三千五百多个字，相当于《论语》的三分之一左右。全书所讲的重点，也只有两个字：中和庸。

中庸作为一个词，在两千年的词义流变中，受尽了委屈，从人人追求向往的很高大上的理想境界逐渐沦为了无能懦弱的代名词。春秋之后，杏坛之风不传，中国的教育水平一直是个令人头疼的问题，庸人多了，这种望文生义的冤案也就不稀罕了。

那么中庸的原意是什么呢？子思说，"中不偏，庸不易"。这六个字，就是中庸这个词的精髓。中，造字之初的形状是上下相对的两面旗子，中间等分的地方，有一个指事的点，说明这一个点就是"中"。旗子代表军队，这个点靠近哪一边都得打起来，只有这个"中"是不偏不倚的和平之地。儒家有一个很高级的词叫执两用中，出处即在《中庸》："执其两端，用其中于民，其斯以为舜乎？"可见要找到这个"中"，先得了解两端在哪儿。一旦有偏，人家战旗一摇，就会把你杀得鼻青脸肿，付出惨重的代价。

《中庸》里苦口婆心所讲的，就是教我们如何避免因"失中"而被打，以及总被打。找到"中"不容易，"守中"更难，所以说，庸不易。

庸，造字的本形是一个人趴在井边，用水桶打水；本义是井口、井台。水是最基本的生命物质，谁都受不了打水的井台到处乱跑，或是井里的水天天变换各种口味，所以庸在"必需的"这一基本义项之外，又有一个引申义——日常的，不轻易改变的，这就是庸不易。

中庸二字合成为一个词，所要表达的意思应该是：能够全面客观地了解周遭的人、事、物，找到最适合、最稳定的位置和状态。一旦做出判断，就不要轻易变动。并且，这样的意识和行为要成为习惯。

中庸一词，还不是简单的对个体行为的要求，它是一个基于天人合一思想的哲学概念。自然中，有高有低，有日有月，有冬有夏，有白天有黑夜，有南北有东西，有乐极生悲有否极泰来……天有"两"有"中"，人事亦然，这都是庸常不变的道。将这样的道加之于每一件具体的事上，就是理。一个理性的人，必不会走极端，因为他知道，极端在哪里，而他又应该在哪里。传说孔子参观周庙，对着一个装满水则倾覆，装一半水则直立的欹器大发感慨，想必当时顿悟的，正是这个中庸之道。

要做到中庸并不容易。事实上，我们大多数的情况是一叶障目当局者迷，陷于偏颇而难以自拔。庸是庸了，中却难以找到。比如，我们会盲目地乐观，也会长久地悲观；会庆幸于一时的偶得，也会频频地抱怨神力的不至。

子观敧器图

《中庸》一书中，给我们列出了向中庸靠拢的学习程序：博学、慎思、明辨、笃行。

《大学》，原来是一篇散文，两千字左右（之所以说左右，是因为不同版本字数不一），作者据传是曾参。到了南宋，得朱子慧眼所识，将其列入四书。

《大学》虽短，讲的却真是大道理。生物范畴的人，有个皮囊就行；人文社会范畴的人，却要求在吃喝拉撒之外，还要有思想，有精神，有所作为，对社会有益。这实在是个大目标，对于刚开蒙不久的童子来说，就像是在山脚下仰望云雾中的高峰，明知自己要上去，却不得其径。于是有停顿的，有迷路的，有绕弯的，也有不幸掉沟里的。《大学》用了八个字就解决了这一难题——格致诚正，修齐治平。前四个字，是登山的方法；后四个字，是四个台阶，四个依次递进的小目标。

格物，是最基础的工作。格是穷尽、探究的意思，对万事万物，要知其然，更要知其所以然。明其本原，窥其全貌，然后可以知"中"。格物，是学习的态度，也是学习的方法，还是对基本功的要求——要格人家，总得先有工具吧。文字、音韵、句读等这些基本功，古时候被称为"小学"，其实就是格物的工具。

致知，是格物的目的和结果。致是达到，知不仅是简单地知道什么知识，而是完全理解的意思。

诚意，是对理想的坚持。《大学》原文里说：毋自欺也。喜欢美好的东西，讨厌恶臭的气味，都是出自本心，甭骗自个儿。想明理悟道，做一个有为之人，也要从内心里肯定和坚持，也不能骗自个儿。书里就此提出了一个很了不起的命题：慎独。老师和家长提着戒尺督出来的三好学生含金量不高，自己走在崎岖的山路上，能不能抵御两边花草蜂蝶的诱惑才重要。

正心，是认真和专注。人在正道上，走神儿了也不行——方向对了，您也得前进呀。如果心不在焉，那就视而不见，听而不闻，食而不知其味，踟蹰到老，也一无所获。

练好了格致诚正的功夫，该出发了。一口气爬上峰顶，一览众山小，不现实，曾子给出的建议是：自修齐，至平治。四个小目标依次是：修身、齐家、治国、平天下。

需要解释两点，一是这里的国和天下是春秋时候的提法，国指诸侯的地盘，天下则是大王的；二是平天下的平，不是要用武力打平，而是要给臣民国事找到一个"中"，达到中正平和的境界。

修齐治平的次序，一定要严格遵循。要把一个家族治理得井井有条，首先要使自己的品性修为臻于完美；修齐的事情做不好，就不要奢谈治国平天下了。

孝为什么是孩子学习的基础？

孝经通，四书熟。如六经，始可读。
诗书易，礼春秋。号六经，当讲求。

儒家的所有理论中，《论语》不是基础，《孝经》才是。为什么这么说呢？所有的哲学都是以人为出发点的，都在思考解决人的终极问题。儒家眼中的人，不是自然人，而是社会人。人作为一种社会动物，一定要在各种环境中和各种定位的其他人产生各种关系。哪怕是独居深山的隐士，身边的山水鸟兽也相当于是一个个的"他者"。

这一切的关系，都需有序，这就是"伦"。《论语》的"论"，就是"伦"。人从一个不辨善恶的稚子，到依社会秩序而存在的一个个体，就是学习"伦"并且遵守"伦"的过程。这个学习过程的起点，无疑就是家庭；学习内容的起点，就是孝。

孝字的上半部分，是老，老在上而子在下——孩子要尊重并且善待自己的长辈，这就是孝的本意。然而，理论毕竟是大人总结提炼的，让充满好奇心但没有任何社会经验的孩子去理解显然太难。于是《孝经》将之落到了具体的行动上："身体发肤，受之父母，不敢毁伤，孝之始。"

爱惜自己和孝有什么关系？很简单，你摔倒了、磕破了，父母会不会心疼？不让父母因为自己的冒失而难过，这就是孝。

第十七讲 孝为什么是孩子学习的基础？

孝子孝亲图

以渺小的个体置身于无垠的宇宙，难免需要其他个体的帮助。要想不失助，就得对他人的帮助给以正向的反馈。我们的生命是父母给予的，这是最大的恩德，要知恩，要懂得感谢，要有所回报，这也是孝。

父母并非完人，也会犯错，我们若能对此有明确的判断，一定要给父母指出来，以避免他们因犯错而遭遇尴尬，这也是孝。

孩子是父母生命的延续，父母在希望孩子健康成长的同时，也希望孩子能事业有成，光耀门庭。我们努力向这个目标迈进，也是孝。

等我们终于通达事理，凡事不逾矩，完全融入依序而行的社会中，真正做到了"立身"，父母不必再为我们牵挂担心，做到这一步，便是最大的孝。

《孝经》中，把上述的顺序总结为：始于事亲，中于事君，终于立身。

亲，是我们最早接触的"他者"，是一个人社会关系的起点。如果在开始的这一步没能做好，那么完全可以做出一个推论：此人绝难以赤诚之心与社会的其他客体相交往，不管是同学、同事，还是老师、君王。

正是这一推论，让历代统治者与儒家找到了共鸣。孝亲者多忠君，不孝亲者多奸佞；以孝治天下，则家国都有序安宁。

从生到死，由家至国，孝既是基石又贯穿始终。《孝经》中把这一重要性总结为："夫孝，天之经也，地之义也，民之行也。"孝，天经地义，不孝呢？"五刑之属三千，而罪莫大于不孝"！

既然《孝经》的地位如此重要，那么学习的要求也就不能是普通的识记和背诵，而是要"通"。《说文》说：通，达也。通达，正确的方向、正确的路、正确的目的地，这可不是纸上谈兵或是拿个导航就能做到的，要真正地理解、接受，融汇到自己的知识系统中，贯彻到自己的行为举止中，由世界观而方法论才行。

"四书"，《大学》《中庸》《论语》《孟子》，前三部之前都已大略讲过了。《孟子》是孟子亲笔所作，七篇宏文，讲的就是两个字：仁义。孟子认为人性本善，因而对不善的人和不善的事零容忍，显得脾气很大，差不多同时的哲学家杨朱认为每个人都是单独的个体，干吗要总琢磨别人的事呢，于是说，人不为己天诛地灭。孟子都不跟他理论，直接开骂：禽兽也！孟子对各种王也不客气，说"民为贵，社稷次之，君为轻"。所以虽然贵为亚圣，但历代帝王都不喜欢他。孟子的浩然之气，对世界观正在形成的孩子是很好的营养，是蒙学经典中的高峰。

对"四书"的学习要求是，熟。比之《孝经》的通，显然低了一个档次。通和熟的关系，可以用一个公式来表示：通＝熟＋悟。学"四书"似乎当时不求甚解也行，熟记了，以后再慢慢理论联系实际。

做好这两门功课，"如六经，始可读"。这个"始"字，很厉害，第一使接下来的学习有了进阶的意味，第二又包含着不容置疑的论断——《孝经》没通，"四书"没熟，读"六经"就是瞎扯。

"六经"，是《诗》《书》《礼》《乐》《易》《春秋》。和我们熟悉的"五经"相比，多了个《乐》。之所以有五六的区别，是因为《乐》早已失传，后世多有学者怀疑是否真的有这个经。我认为，《乐》的存在大约是没有问题的，夏商周时礼乐并举，律吕不但调阳，还因为它的和谐有序屡屡被作为伦常的比附。如此崇高的地位，没有一部像样的专著实在说不过去。

关于"五经"的介绍，下几讲会逐一详述。

《周易》真的有那么难吗？

有连山，有归藏，有周易，三易详。

《易》特别难讲。不是因为难，是因为太容易，但被传得太玄乎了。玄了就看不清，玄了就有不少人云山雾罩地胡说，久而久之就真的看不清说不清了。

其实呢，易就一个字，何必太多痴。易者，变化也。把各种变化记录下来，目的是寻找不易的规律。也就是说，《易》是远古时的先民利用归纳法对自然界各种变化进行记录总结的典籍。

至于如何记录，又怎样归纳，由于没有文献文物的证明，今天自然不得而知。但也阻止不了我们进行一番合理的推断，推断的依据就是我们的汉字。中国的文字是所谓的象形文字，但真正依形所画的独体字似乎并不太多，形声、指事、会意才是造字法的主流。为什么呢？不难理解，宇宙间的事物何止千万，如果全部依葫芦画瓢，那我们今天的一本字典十头牛都拉不动。

中国人自古就聪明，但不至于挥霍智商，去创造两套甚至多套用以表意的抽象符号系统。所以，《易》里面那些像砖头一样不知所云的阴爻阳爻，跟我们平常所用的汉字是一个来路。

那么问题来了，常用汉字三千多个，《易》中的阴爻阳爻却只有两种，怎么解释？

正如文字经过了几个发展阶段，《易》的抽象符号也是几经进化。从后世的记载来看，大约有三个阶段，也就是"三易"：连山易；归藏易；周易。

连山易和归藏易早已亡佚，看不到了。所以现在把这二者说得头头是道的都是胡扯，说得玄而又玄的更是瞎扯。

第一，连山易和归藏易对应的时代分别是夏（结绳记事时代）和商（甲骨文时代）。

第二，连山易和归藏易内容没什么大变化，但抽象符号系统明显升级换代了。

第三，连山易和归藏易大约只是对自然现象规律的总结，有点类似现在的天气预报。比如用一个符号表示风，另一个符号表示雷，风加雷等于雨。风和雷是卦象，雨就是用来预示结果的卦爻辞。这么扯的依据是，传说八卦（也就是易的表象）是伏羲所创，而伏羲还有一个身份是神农氏。农业从古至今都是看天吃饭，神农的"神"，或许就是他比别的农更会看气象，因而能先人一步，取得更好的收成。

第四，所谓连山，可能是过去有一个叫连山的地方，整理连山易的高人就住在此处；更有可能的是，最早的中原人居住在河淮三角洲，要做天气预报必须极目远眺，山里的云气是极具参考价值的征兆，所以有刻画在岩壁等处记录气象信息的符号，自然就多有连绵不绝的远山。所谓归藏，一个可能是相对于连山阶段在地上墙上的涂鸦，此时记录的载体已经可以自由移动，能够归而藏之，以利保存；另一个可能是，归藏是龟藏的讹写，归藏易就是刻在龟甲上的一本天气预报指南。

接着来说说《周易》。之所以给它打上书名号，是因为它确确实实是一部有作者可查的典籍了。《周易》的作者，十有八九是周文王。传说他被商纣王关在羑里，穷极无聊，于是在前代《易》的基础上再加以归纳总结抽象提炼，形成了这部以六十四卦为核心内容的《周易》。

这个传说相当可信。商周之际，"书"就难得一见，更何况是这种能"未卜先知"的神奇读物。也只有周文王这样的诸侯王，不但有机会看《易》，而且有可能兜里随时揣着。

　　《周易》的得名，有先贤说是《易》到这一版本已经大备，可以成为传世的经了，故而称《周易》。这个假说我不太赞同。周字的本义是围着地绕一圈儿，"齐备"这一引申义出现得并不早。另有先贤说《周易》就是"周行而不易"，这个很有道理，但我也不能完全赞同。如果羑里"演易"的故事发生在别的朝代，这个说法可为确论。不幸的是，被关在羑里的姬昌是周族的首领，那么《周易》的命名规则就极可能和《周礼》一样，仅仅是因为诞生在周朝而已。

　　许多事，本不必想得太复杂。

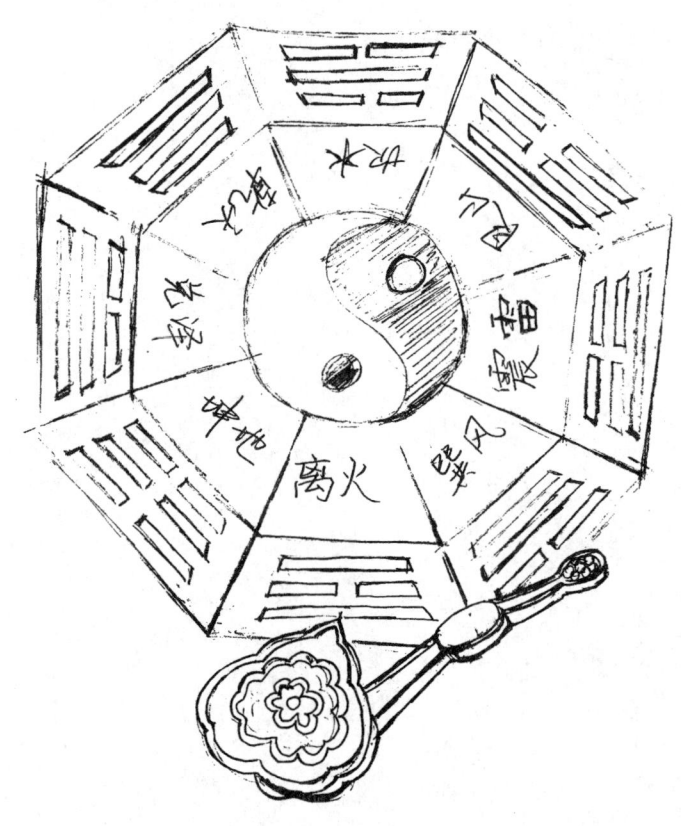

八卦示意图

《周易》虽然脱胎于归藏易，但一定被姬老先生改得面目全非。

连山易是户外涂鸦，应该比较接近物象本身；归藏易刻在甲骨上，就不能再随心所欲，需要大刀阔斧地简化，看起来或许和现在见到的甲骨文差不多。周文王"演易"工作的核心，可能就是归堆儿。归了几堆儿呢？两堆儿。天、日、山、夏等叫作"阳"，用画作长横的阳爻表示；地、月、河、秋等叫作"阴"，用画作两条并列短横的阴爻表示。

这真是一个了不起的发明！宇宙万象，无穷变化，用两种元素对立统一的六十四种情况即可总括在内。周文王"演易"的七年就是中国古典哲学的肇始。

需要特别说明的是，《易》列入儒家经典是周文王绝对想不到的。孔夫子"老而好易"，不但做了传，也一定在原版《周易》上做了不少手脚，导致后世出现了经传合一的现象。

《尚书》里都写了些什么？

有典谟，有训诰，有誓命，书之奥。

《书》《书经》《尚书》，指的都是一部书。一部很古老的书，甚至可以说是中国的第一部书。"尚"的意思，就是"上"；《尚书》，就是"上古之书"。

一代有一代之文学。我们现在看"改革文学""伤痕文学""寻根文学"都会有相当的距离感，乍一打开两千多年前（或者更早）的《尚书》，那扑面而来的只有四个字：不知所云。

秦火之后，有"今文尚书"和"古文尚书"之分。这段公案我们就不在《三字经》这样的蒙学读物中讨论了。只记住一点就行，同样是不知所云的天书，今文尚书的难度系数3.0，古文尚书的难度系数5.0。

但这部天书既然位列儒家六经之中，它的作用就一定不是猜谜。如何利用《书》"经"治国平天下，对当代起到"纬"的效果，这是每一代的儒者都躲不开的命题。

《三字经》的作者认为，读懂《尚书》的"奥"在于对内容的分类（"奥"的本义是房间的西南角，供奉神主的最隐秘的角落。不管到谁家，只要找到这个角落，一看神位，就会理解这个家何以会摆这样的家具，吃这样的饭食，有这样的习俗等）。

中国文化的根,离不开巫史。巫和史因为工作需要,既要学习过去留下的文字,又要记录当前发生的事。在天纵之圣孔子把学习的门槛降低之前,读书写字的权利一直掌握在以巫史为核心的世袭贵族手中。《汉书·艺文志》里说,左史记言,右史记事,言为《尚书》,事为《春秋》。对比一下现在能看到的《尚书》和《春秋》,可知此言不虚。用现在大家熟悉的词翻译一下,《尚书》就像是首领随身的速记;《春秋》就像是每年的年终总结。

《尚书》不是一时一人所著,而是一千五百多年速记资料的汇编。从时间跨度来分,有虞书(禹舜时代)、夏书、商书、周书几个部分;从内容分类角度来看,有典、谟、训、诰、誓、命等几个部分。

典,会意字。从字形看,是放在桌几上面的册子(甲骨文字形是用双手捧着的册子)。略懂古代文化的人都知道,这肯定不是普通的册子。《说文》里说,大册也。古时候能配得上大这个形容词的都不得了,大册,就是圣贤之册。当然,圣贤也会打呼噜说梦话,但记录在册的必定是好的、对的、于后世有益的,是可作为依据的古籍和文献。

谟,就是谋,是经过商量而得出的克服困难、解决问题的策略办法。

训,言出如川。川是奔流到海不复回的滔滔江河,训既表示说教的气势,又表示说教的正确。臣下对天子有意见,可以进谏。敢这么训人的,只有王。

诰,就是告,但也是王的专用词。"以上告下曰诰"。

誓,是用来约束自己行为的语言。《尚书》中的誓,全部与战争有关,似乎是一种仪式,或者是用来激励士气的格式化文本,大意就是不击败敌人决不罢休云云。

命,以口发令。命和令原来是一个字,上面一个口,下面一个跪着的人,后来在左面加了一个口,就成了命,强调的是王对臣下直接用口做出的必须执行的权威指示,或是即刻生效的职位任命。命一定要和训诰分清,同样是以上对下,只有命具有强制执行的意义。

了解了典谟、训诰、誓命,"书之奥"也就明白了吧。打个比方,《尚书》就像是宪法加上公司运营手册加上商学院经典案例,能看懂你就无敌了。

战场披靡图

孔子为什么要梦周公？

> 我周公，作周礼。著六官，存治体。
> 大小戴，注礼记。述圣言，礼乐备。

很多人把打瞌睡叫作见周公，这是因为孔老夫子曾经发的一句牢骚：我是老得厉害了吧，都好几天没有梦到周公了！大概是因为这句话，还生发出了一本畅销书《周公解梦》——孔子都到梦里去找周公，这周公一定通晓梦里的秘密吧。

这真是一个天大的误会，梦的形成，只是睡眠状态下大脑里各种短路的结果，关于梦的解释，弗洛伊德比周公靠谱儿多了。孔子之所以老愿意在梦里见周公，那是因为他把周公当作了自己的榜样，而又无缘得见，所以在梦里弥补一下缺憾罢了。

孔子已经是天纵之圣，他的榜样该是多厉害的人物呢！

周公，是封建制度的顶层设计者，是国家礼乐制度的制定者，助武王克商，平定三监之乱，摄政七年恪尽职守，营造东都未雨绸缪……才、德、忠、义兼具，春秋以后，历代学者都称周公为圣人。黄帝之后，孔子之前，对中国有决定性贡献的，周公一人而已。

周公，是周武王的弟弟，周成王的叔叔，姓姬名旦，因为采邑在周，爵位为公，所以被呼为周公。周公的其他功绩就不赘言了，此处就"礼乐"二字啰唆几句。

　　先说乐。按照现在的理解，乐只属于艺术范畴，高雅者是给上层建筑添的一朵花，流行者就是用来交换的商品。对普通大众来说，乐的意义就是好不好听；对创作者来讲，乐的关键在于个性和情感的表达。这个内涵，只保留了旋律和节奏等本体的部分，和周公的乐相去甚远。在周公之前，传说黄帝命伶伦作乐，是和天道在沟通，所谓律吕调阳；在周公之后，孔子也一再强调乐的重要，是和人的精神在沟通，好的音乐可以让人三月不知肉味，是非、善恶、美丑都可寓于其中。现在人人都在感叹世风日下、人心浇薄，对乐的忽视是一个很重要的原因。淫靡、古怪、苍白的音乐大行其道，群体性地失去辨别力也是自然的恶果。

　　周公对乐的理解，介于黄帝和孔子之间，上要合天道，下要正人心。天下、国、家，三者的和谐有序可以用武力来维护，也可以用法制来维护，但最易于接受且持久稳定的方式，还是让诸侯和大夫们分别处于相应的乐段中，大家按照统一的节奏，奏出自己的音符，汇成和谐的旋律。可以说，礼乐互为表里，相辅相成。

　　周公的礼，也不简单地是对个人行为的规范，实际上是一整套国家管理制度。后世流传的《周礼》，腐儒们多在争论真伪，却忽略了一个事实，书中的内容既早于秦汉，写的又是营国治国的具体方略，似乎没什么作伪的空间。政治地位不高的人，没这么大的格局；有政治地位的呢，写这个无异于谋逆，够被诛好几回的。所以，《周礼》的作者只能是握有最高权力且才能超卓的人。《周礼》或者是周公撰写的"国家说明书"，或者是他治国方略的合集，由后代整理汇编而成。

　　《周礼》都有哪些内容呢？归结起来就是一个字：官。这个官字指的不是人，而是制度、职责。再扩展开来，就是一个国家的管理需要分成几大部分，每一部分又可以分成几个层级，每一部分的每一层级需要几个管理人员，他们的职责又分别是什么。用现代人力资源管理的术语说就是：定岗定责。

　　如此庞杂的管理体系，有一个主导思想所统摄，那就是法天。天地自然，运转不休，其中不易的规律对每一个管理单位都有极大的指导意义。
《周礼》将"官"分为六类，也就是本节所说的"六官"：

　　天官冢宰：百官之首，主管王家事务；

　　地官司徒：即司土，主管境内土地；

　　春官宗伯：主管各项礼仪；

　　夏官司马：主管军事；

　　秋官司寇：主管刑狱；

　　冬官司空：主管工程营造（冬官部分汉代就失传，后以内容相近的"考工记"补入，就官职而言，相当于司空）。

文官上朝图

　　官与责，周公之前已有雏形，传说尧舜禹都有自己的职官体系。比如嫦娥，就是黄帝时专门负责观测月相的官职，后来被民间当成了月亮仙子。但是，似乎不太完善，也没有做专门的理论架构。所以《三字经》里用了一个"著"字。著是突出、显明的意思，"著六官"，是说周公第一个完成了国家管理体系的整体建设。

有了这样的一个管理体系，整个国家便像天地自然一样，可以在各个管理节点的有序配合之下和谐运转，周行不休。正所谓"存治体"。

后世的三公九卿、三省六部等，都是脱胎于周公设计的"治体"。但事实上并未一直周行不休，朝代更迭屡屡发生，并不是这个"治体"有设计缺陷，而是历代统治者没有理解周公的思想，多有逆天之举啊。

大小戴是叔侄俩，叔叔戴德，侄子戴圣，是西汉时的两位大儒。他们的贡献，是把前代关于礼的种种记述做了一个总结。删繁就简，去芜存菁，又加了不少解释的文字，使晦涩难懂、干巴巴的"仪礼"变得丰富而生动。打个比方，古礼文献像是课本，大小戴的《礼记》则是课堂笔记，而且是多位名师课堂笔记的汇编。

周礼之后，"礼"成了一个庞大的系统，有关于仪式程序的记录，有学者对于礼的内在意义的阐发。到西汉初年，可见的"礼"有二百多篇，如果没有名师的指引，很难登堂入室，领悟其中的奥义。戴德将其编为八十五篇，戴圣在此基础上做进一步的加工，编为四十九篇，东汉的郑玄将这个本子加了注解，这便是现在通行的《礼记》。《大戴礼记》东汉以后就不再流行了。

传和记，都有解释的意思，解释的对象是经。《礼记》实际上就是对《礼》的解释。"注礼记"的注，包含了编辑与注解两方面的工作。能认识到礼的重要，并且有所发挥的，都是有大智慧的哲人，所以说《礼记》是"述圣言"的著作。"礼乐备"的备，则是对大小戴编注《礼记》这一贡献的高度评价，有了这一部集大成的著作，中国的礼乐文化，在理论层面就臻于完善了。

《诗经》是语文课本还是政治课本?

曰国风，曰雅颂。号四诗，当讽咏。
诗既亡，春秋作。寓褒贬，别善恶。
三传者，有公羊，有左氏，有穀梁。

诗言志，这个说法来自许慎的《说文解字》（再早些，汉初《毛诗序》里也有记述）。春秋以前，第一部诗歌总集还在逐渐形成的时代，诗还没有和志建立联系，寺里住的也不是和尚。寺是官员待的地方，本义是持，官员待在这么个特定的地方要保持什么呢？仪式。最常见的仪式是什么？祭祀祝祷。祭祀祝祷必定要念念有词，这个词就是最早的诗。最早的诗有什么特点呢？叶韵、入乐、句式整齐、内容虔诚。

之后会有官员用这种体式来进行一些与仪式无关的创作，或者歌功颂德，或者发些牢骚。

再之后，民间老百姓所传唱的"谣"（歌与谣都有旋律，区别在于谣没有乐，是清唱）因为形式与寺里的诗相近，也被纳入诗的范畴。

孔夫子是中国诗歌史上第一个重要的人物。他把西周初年到春秋中叶这五百年的诗做了个汇总，然后从这海量的诗中精选出了三百一十一首，结集成册。《诗》又被称为"诗三百"，就是这个原因。只是后来有六首"笙诗"丢了词，只剩了谱子，再后来乐谱失传，《诗》就只有三百零五首了。

看起来这个册子应该叫《诗选》，然而却以《诗经》的名字流传了下来，原因是，当时诗还不是一种完整的文学体裁，孔子选诗并非完全依据美学的标准，更多的是依靠对于"精神"的判断。

什么精神呢？儒道的精神，自然的精神，对是非、善恶、美丑有趋同判断的精神。这选的似乎不是语文课本，而是政治课本。

讲《诗经》，必先讲六义，也就是"风雅颂，赋比兴"。前三者是体裁内容的分类，后三者是创作方法的总结。

风，就是民歌，就是前文所说的"谣"。因为按照当时的国别进行了分类，所以又叫"国风"。风除了流动的空气的本义之外，还有一个引申义，流行。能在民间流行的，必定是达到或接近了大家精神上的最大公约数。流行过后，难免有一些内容沉淀下来，进入民俗之中。所以风俗一词，风和俗是有一个递进关系的。采风一词，最初也只是到民间去抄一点好听的流行歌曲，不像现在，到外地转一圈就叫采风，事实上采回来的，可能是俗。

乐官采风图

雅，被解释为正声。为什么雅是正声呢？很简单，它的作者就是判断正不正的群体：贵族官员。雅分大雅和小雅两部分，至于分开的依据是什么说法不一，大致上可以这么认为：大官儿写的是大雅，小官儿写的是小雅；正能量主旋律的是大雅，发牢骚提意见的是小雅。

颂，就是祭祀祝祷时的曲以及辞，也就是上文提到的最早的诗。

赋，就是叙述，平铺直叙；比，是打比方，以此物比拟在某一方面相通的彼物；兴，如果不了解一点民歌，理解起来还是有点难度的，兴是歌咏此物之前，先用看似不相干但道理上可以类比的他物来做个铺垫，唤起联想。比如，歌咏女子年轻貌美，可以起个兴：桑之未落，其叶沃若。而感叹女子年老色衰呢，也可以起兴：桑之落矣，其黄而陨。

国风、大雅、小雅、颂，这就是"四诗"。"四诗"这个概念还有另一个使用场景，就是用来指两汉时讲《诗》的四家：鲁、齐、韩、毛。前三家是秦火之后的新贵：今文诗学，现在都已经亡佚了；后一家自称是原汁原味的古文诗学，流传到了现在。现在我们所读的《诗经》，也可以叫作《毛诗》。

《诗经》里写的是什么呢？编者孔老夫子有几句话说得很好。最厉害的一句是：诗三百,一言以蔽之，思无邪。什么意思呢？这些诗，所记录的事情没有歪曲，所表达的感情没有矫饰。从这些诗里，完全可以反映出我们中国人对是非、善恶、美丑的判断标准，这也就是属于我们中国人共有的纯洁无瑕的品格。因为有了这共同的精神，所以诗"可以兴，可以观，可以群，可以怨。迩之事父，远之事君"，顺带着还可以"多识于鸟兽草木之名"，有百科全书的功能。

"当讽咏"，讽，不是嘲，不是刺，而是诵，要读得通，背得出。咏，是要诵读得像水一样舒缓，有节奏，有感情的深度。

可惜，孔夫子非常重视的民族精神、国民品格在西周末期开始土崩瓦解。诸侯们重利轻义，屡屡有让孔夫子"是可忍，孰不可忍"的非礼举动，《诗》里所呈现的单纯而美好的情感与精神难得一见。"诗既亡"，亡的是魂。精神没有了，三百零五首诗并没有丢掉，而且成了"经"，一直传了下来，供后人凭吊和唏嘘。

继《诗》而担起延续民族精神重任的，是《春秋》。延续的方法，不再像《诗》那样浪漫而直接，而是"寓"在具体的史实之中。

春与秋，本来是两个季节。农业文明的国家，早期会把夏并入秋，把冬与春合并。这样一年就只有种与收的春秋两季，春秋也就成为以年为单位的时间的代名词，从而和历史这个概念发生直接的关系。孔子将鲁国的史书重新翻修了一遍，定名为《春秋》。于是，"春秋"又变成了一部书的名字。《春秋》所记录的是平王东迁到三家分晋前的事，这一个历史阶段也被称为"春秋"。

孔子在《春秋》中的突破，在于给过去史官有一说一的留声机行为前置了一个是非的判断（从"诗既亡，春秋作"可知，这一判断的标准和《诗》一脉相承）。所以说，寓褒贬，别善恶。

寓和别的方法，很厉害，经常用一个动词就能解决。比如有道杀无道，叫诛；以下犯上，就叫弑。郑庄公和弟弟内讧，孔子认为于理不合，就写道：郑伯克段于鄢。一个克字，高级黑，讽刺得够狠的。

正因为这种一字寓褒贬的"春秋笔法"太过凝练，传播起来就遇到了困难。原因不难理解，看不懂嘛！所以就需要有人注、有人讲。解读的本子，叫作传。孔子有三千弟子，我想原本的传大约有不少，但流传下来的，或许是最好的三种，是《左传》《公羊传》《穀梁传》，即春秋三传。

《左传》写得最好，内容最丰富，作者也最神秘。一说是孔夫子非常佩服的君子左丘明所作，与孔子的《春秋》并无代际关系，而是平行并列的两部著作。只不过所本的都是鲁国的国史，内容有些重合罢了。另一说是孔子的弟子子夏所作，从左氏这个地方逐渐流行。

如果第二个说法成立，子夏就可谓是孔子班上的历史课代表了，因为《穀梁传》和《公羊传》都是经他再传。

《春秋》值得读，不仅是学习历史，更重要的是因为与《诗》在民族精神上的承传。三传各有千秋，也都值得一读。《左传》叙述丰富，故事多，情节全，偶有天上一脚地下一脚的即兴发挥，很像现在自媒体的风格。《榖梁传》是对话的形式，很雅致，很简短，很像现在的老师备课的教案。《公羊传》是问答的方式，语言生动，但有些直白，很像现在的学生期末考试前整理的笔记。

古代文化中的经和子是什么关系？

> 经既明，方读子。撮其要，记其事。
> 五子者，有荀扬，文中子，及老庄。

古人认为，学习不光是个辛苦活儿，还很有技术含量。也是，中华文明千头万绪，一味埋头傻学，不走火入魔才怪呢。"师"这个职业，就是带领大家入门，介绍个一二三四，至于每一个单元每一个细节的妙处，那就看学生自己的兴趣和悟性了。

"经既明，方读子。""既"和"方"，说的就是学习的顺序。既是已经，方是才的意思。这两个字的组合有不容商量的意味：经要是不明，就不能读子。原因何在呢？经是给我们树立三观的，使我们能够建立一套属于自己的评价体系；子呢，百花齐放。根基已经打好的人，可以借此拓宽眼界，增长见识；根基不稳的人，则难免会陷入各种稀奇古怪的理论之中，矛盾，纠结，神经错乱。

子，字义的来源有两个。一个是商王朝的图腾，本义现在已消失，还在应用的，是表示地支、时辰、属相的第一位。另一个源头，是象形的老套路，在甲骨文中，子像极了一个被裹在襁褓之中、双手挥舞的婴儿。至于如何变成了以书籍为载体的中国学术的一个门类，似乎没有一个令人信服的脉络。既然有空间，那我就来假说一番。子字字义的发展，由婴儿而缩小到男子——在农业文明的国家，男子是生产力的主要来源，重男轻女也是难免的。继而产生了一个重要的引申义：爵位的一种，公、侯、伯、子、男五等爵位的第四等。这五等爵位，从高到低重要性依次递减。公有参与分配的大权；侯就只能在自己的一亩三分地里狩猎；伯是子侄中的老大；子就是家族中一般的男丁；男则需要付出一些劳动才能获得相应的特权。当然，这是我推测的当初的排序依据，到封爵制发展到一定阶段，这五等爵位就变成了符号，由天子依礼来封赐了。

封爵本来是天子的家事，但对于整个社会也有一些影响。有实力有地位的男子，不够格称公、侯、伯（因为人家都有地盘），却也需要一定的身份，于是便在剩下的子和男之间，选择了一个子（这一情形，颇像明清以后的员外，由一个不太重要的官职，逐渐演变成了地主富豪的称呼）。他们往往把"爵位"放在名字前，如子产、子路、子贡、子夏等。

到了春秋后期，原本只能在贵族子弟之中进行的教育这件事，一点点流传到了民间。民有了学，开了蒙，懂了道理，便形成了一个庞大的士的阶层，有机会为官为将。士在百姓之间是偶像，是草根英雄；在贵族集团眼里，则是智库，是值得拉拢利用的人才。士之中的佼佼者，才学兼备，融会贯通，有自己的理论，有自己的著作，有自己的门徒，他们把"子"这一概念的内涵进一步缩小，只有满足上述条件的，才有资格将子置于姓氏之后作为别人对他们的尊称，如老子、庄子、孔子、孟子、荀子、墨子、韩非子。

战国之时，天子没有了，各国不是忙着备战，就是修炼挨打的功夫。但那并不是一个乱世，打仗的频率比春秋低多了。为了一招制敌，政治、经济、军事等方面的理论得到了空前的重视，那真是一个思想文化的黄金时代，是诸位"子"任意挥洒的空前绝后的大舞台。百花齐放之时，有百家争鸣一说。事实上有多少活跃的"子"已不可考，到西汉仍有影响的学术流派有九流十家，分别是：儒家、道家、法家、墨家、名家、农家、杂家、阴阳家、纵横家，以及不入流的小说家。对应的"子"分别是：孔子、孟子、荀子（儒家）；老子、庄子（道家）；法家（管子、韩非子）；

惠子、公孙龙（名家）；许行（农家）；吕不韦（杂家）；苏秦、张仪（纵横家）；邹衍（阴阳家）。

各家思想的要点也简述一下。

儒家：仁、礼是核心，孝是基础，目标是建立君君臣臣父父子子的大同社会。

道家：天地间自有周行不休的"道"，人处在其中的一环，无为即可。

法家：不别亲疏贵贱，定分止争，依法治国。

墨家：兼爱，非攻。尚节约，重实证，尊天事鬼。

名家：循名责实。

农家：劝课农桑。

杂家：贯纵百家。

阴阳家：以阴阳两种对立的力量和金木水火土相生相克的五行，来解释世事。

纵横家：以合纵连横的策略游说诸侯。

九家中，道家在西汉初年迎来最后的辉煌，助推了文景之治之后退出主流。东汉被道教利用，走向神秘化，名声一落千丈，但其思维方式依然保留于上层知识分子之中。

法家在隋朝走向极盛，标志是开皇之治。此后不再以抽象理论著名，形而下到了治国的具体措施之中。

墨家最可惜，在战国时的影响不亚于儒道法三家，却因为类似于黑社会的组织性质屡屡被各种势力利用，盛极而衰之后，一部分促进了科学的发展，一部分变成了民间身怀绝技的工匠，一部分成了浪迹江湖的游侠。

名家脱胎于儒家，"必也正名乎"。玩儿的实际是逻辑诡辩，比较著名的段子有白狗黑和白马非马。毫无争议的白狗，名家的大神们却说，当初为什么管白叫白啊？如果叫了黑，眼前这白狗就是黑狗啊！大家一听，好有道理，但我依然认为你是胡说。公孙龙牵了白马要进城，守门的兵说，马不能进。公孙龙说，这不是马，是白马。马这个概念指的是俩耳朵四条腿跑得很快的动物，我牵的这个呢，是一种白色的动物而已。当兵的一听,好有道理,但我依然认为你是胡说。循名责实其实很重要,但陷入诡辩就无聊了。所以名家昙花一现。

农家反对不劳而食。假若许行活到现在,非得被搞金融的孩子们活活气死。其实在当时,也有人和他探讨过社会分工的事。最著名的是孟子挤兑他的那一句:劳心者治人,劳力者治于人。农家所提倡的事是国家经济的根本,但思想太接地气,很难得到上层支持而推广流传。

杂家在《吕氏春秋》之后没什么像样的著作。毕竟没有几个人能像富可敌国的吕不韦一样,养三千食客去攒一本书,然后才有一字千金的底气。后世的类书倒很像是继承了杂家的思想。

阴阳家在战国以后应该是被儒家所收编。西汉初董仲舒等大儒将儒道阴阳三家思想糅合,构建天人合一的理论体系。一整套令人眼花缭乱的算法让很多读书人头疼,但两宋之际又有几位天才出现,将之归纳为理学的一个基础。

纵横家的思想和行动都是双刃剑,打仗或冷战时受到国家追捧,和平时期则唯恐避之不及。现在残存的领域,以外交和商业为代表。

经过历史的选择,儒家理论最适合作为国家哲学被提倡。所以儒家的典籍被拔高一格,独尊为经。其他各家的各位"子"的大作,就只能屈居其后,列于"子部",连学习的方法都受到一些歧视。"撮其要,记其事"即可。撮其要是归纳要点的意思,记其事是说不必精读,其中有意思的故事略知一二就行。但各位"子"也不要太委屈,因为除了封神的几位大佬,战国之后儒家著作被列入经的也极少,能称"子"的并不多。

"五子者,有荀扬,文中子,及老庄。"这五子,就是个混搭的组合。荀子本来是儒家的代表之一,却教出来李斯、韩非两个法家的弟子。这很影响他在儒家封神榜上的地位,导致经里没他的份儿。扬雄,是西汉末期的人,贯通儒道,他的《太玄》上接老庄,《法言》则承续《论语》。

文中子,是隋朝的王通。这位老人家生错了时代,个人觉得他有与孔子比肩的才能。精研了儒家六经之后,他一口气把《诗》《书》《礼》《乐》《易》《春秋》各续了一部,并且能对门下的弟子因材施教,授以不同的知识和学习方法。

　　"老庄"，指老子和庄子，如果不考虑上层建筑与政治的紧密关系，无论如何不敢把这二位委屈到五子之列。他们的大作，在道家的一亩三分地里，也是人人膜拜的经。

老子骑牛图

我们要如何学习历史？

经子通，读诸史。考世系，知终始。
自羲农，至黄帝。号三皇，居上世。

古人对于学习，不是随便抄起什么书就看，而是有一个循序渐进的设计。先是经，次是子，然后才是史。为什么这么排呢？先贤们认为，不通经和子，直接读史会有两个不好的结果。第一种，当故事瞎看一番，不能从中有所收获。第二种更坏，没有坚实的是非判断基础，纷繁的史实会让人纠结无比，混乱之余，轻了头痛，重了会出现精神问题。

通，是要能自由往来，可以用作衡量的工具、判断的标尺、自省的魔镜、砥砺的坚石、通幽的锁钥、修炼的秘籍、日课的食粮、精神的依归。

如果仅仅是知，就只能具有引经据典、寻章摘句的假把式，能学而不会用。

古时的学者，乃至普通的士人，三岁开蒙，在戒尺的威逼之下摇头晃脑地熟背《三字经》《百家姓》《千字文》《千家诗》，潜移默化之间通了音韵，之后还是在戒尺的协助之下，把句读训诂的小学功夫修得炉火纯青，所以才会拟出这先经再子继而读史的学习顺序。根基扎实，盖楼有条不紊，这是顺理成章的事。但是，对现在大部分的中国人来说，文化的断层比秦火之后更严重，从哪儿来到哪儿去自己是谁稀里糊涂，这样的学习顺序就不见得是合理的了。

现在有太多经子不通的人好为人师，认为非穿汉服不足以学经史子集琴棋书画，认为祖宗说过的话写过的书只能沐手敬诵而不敢于一字有违。

如果依他们，让看到汉堡、迪士尼比孔孟老庄亲切多了的这代人也必须先从经子学起，一打汉字有六对不认识，一句话读下来不知何意，你再逼着他一定要己所不欲勿施于人，他一定撕书拍桌子跟你翻脸：凭什么呀我！

经的作用，在实用领域就在于纬。经的伟大，就在于在哪一代都可以漂亮地纬——对当代有所教益。鱼香肉丝、宫保鸡丁，无一不是继承了燮理盐梅的精神而又大饱了当代人的口福。

综上所述，现在的中国人，倒应该先读读史，最好是读通史，先别碰断代史和专门史。知道自己从哪儿来，为祖先们的能折腾由衷地点个赞。有了这一点点的认同，再回来一点点地掰扯经文，或许能让大家产生一点点的兴趣。

等到修够了经子的功夫，不妨再来读诸史。此时的目的，就不是看热闹点赞了，而是要"考世系，知终始"。

史，在甲骨文中的形象是上面一个中，下面一个手，会意字。所会的意有三种：第一种，中当仲解，判断或结论的意思，把占卜之后的结果记录下来就是史；第二种，中是客观公正的意思，把正在发生的事客观公正地记录下来就是史；第三种，中用借代的方法，指居于中央的领袖，把跟领袖有关的事记录下来就是史。也可以合并为：把和领袖有关的占卜结果之类的大事客观公正地记录下来就是史。

学习历史，考世系是基本功，是学习方法，知终始则是目的和收获。

世系，狭义地看，指一个家族世代相传的系统。某一个家族取得了天下，定一个国号，某某朝就开始了，一代一代地传下去，就叫作朝代。广义地看，世系则可以将朝代的更迭也包括在内。

研究历史，盯着某一个大人物，把他一生的起承转合，把他千丝万缕的朋友圈都理出来，用放大镜反复看个仔细，这是横向的研究法。几十年的波澜壮阔，会让读史者热血沸腾，时不时会想象，假若自己置身那一种场景，会有如何的选择。而放眼过去，追根溯源，找一找大人物是从哪里来，又经历了多少年的积累与变化，才有了在历史舞台上做短暂表演的机缘，这是纵向的研究法。动辄百年千年的跨度，往往会让我们冷静，感慨于时空的浩渺、历史的苍凉，也会对自己的人生，做一个理智的思考与判断。

上述对纵向研究法的分析，讲的就是狭义的世系对于我们的世俗的价值。而对于朝代更迭的纵向观察，所得出的结果就上升到了哲学的高度：兴衰、治乱，不断地体现着从量变到质变，以及矛盾相互转化的哲学过程。能看到，并且体悟到这一点的，都是很睿智的人。他们中最厉害的，是司马迁。他一口气整理了从传说的黄帝到汉武帝三千年的历史，居然可以究天人之际，通古今之变，总结出"三十岁一小变，百年中变，五百载大变，三大变一纪，三纪而大备"的大道理，预言了他之后两千多年历史的发展规律。

对世系，要考。考的本义有一个义项是乐师敲击钟鼓来调音，引申为调查研究。音乐的基本生命，是音准。敲不在点儿上，发出来的就是难听的噪音。考世系，也要讲究一个准字。

司马迁是我们的同胞，他给我们考到了一个共同的世系源头：黄帝。黄帝是三皇与五帝相衔接的一个传说人物，他与炎帝由战争而融合，开创了华夏文明。

居于上世的"三皇"，作为中华、中国世系的线索，并没有形诸书面的史，也没有多少可资考证的文物遗迹，一直存在于"非物质"的传说之中，由朦胧逐渐现出雏形。所以关于三皇的说法，纷杂不一，《三字经》中的羲、农、黄帝，是最为普及的一种。

羲是伏羲，传说他和妹妹女娲是人类的始祖，这个不可信。但他和女娲是上古能力超绝的两位氏族首领是极有可能的。传说伏羲发明了八卦，我的理解，那时的先民，最要紧的事是活下来，不大可能有务虚的需要。八卦的作用，应该是能根据对自然的观察总结出规律，做出对极端天象的预测，从而提高生存概率。

伏羲的另一种写法，是庖牺。从字面理解，伏羲的另一大贡献，是教会了大家做熟食，从此一举告别茹毛饮血的蛮荒时代，营养的飞跃、消化的提升、寄生虫的消灭，也让氏族成员的生存得到质的改善。

钻木取火图

神农（有一种说法是这根本就是伏羲的另一个名字），是农业和中药的发明者。中国的先民从靠天吃饭的捡拾经济进入渔猎经济，是一大飞跃；再进入畜牧经济，又上了一个大大的台阶；而最大的革命，还是农业的发明。土地一下子变成了稳定且丰富的食粮来源，饥饿就不再是生存的主要矛盾了。

传说之中，神农把生长于山野的所有植物都尝了一遍。这个行为艺术直接导致他每天都要被毒翻很多次，又奇迹般地被另一种与其相生相克的花草所救活。百草的药理反应实验完成后，威胁先民生命的一大部分疾病也不再是问题了。

黄帝的贡献就更加全面了。天文、音乐、官制等等，已经是上层建筑的范畴了。因为他的努力，生活于中华大地的人真正成为自然之中的创造者，而不再是一种聪明能干的动物。

伏羲、神农、黄帝，到底是具体的三个人，还是世系之中几代聪明首领的集合体，已无可考，也无需考。信史时代的三千年，已经够我们头疼的了。

三皇五帝究竟是哪几位？

唐有虞，号二帝。相揖逊，称盛世。

如同三皇有很多说法一样，五帝到底是哪几位也说法不一。

返璞归真，正本清源，我们只需要搞清楚两个问题：什么是皇什么是帝；何时称皇何时称帝。

皇，就其甲骨文和金文的字形有两种解读：一种是头戴漂亮帽子的王；一种是最早的王，上边那个扁扁的白字不读白，而读鼻，最早的意思，与鼻祖一词的意义相同。

个人支持第二种解读。能够制作闪闪发光的王冠，那是文明的成果。三皇时代，大家面对的主要矛盾还是温饱以及安全，别自己吃得胖胖的，再帮狼虫虎豹们解决了温饱问题。打猎时，首领一定冲在最前面，收获最多，大家才会服你。头上很可能会有些朴素的装饰，也只会是来源于他的战利品。

帝，也有两种解读。一种是象形花的种子从土地中长出，并开花结果，能通晓其中奥妙的人，就是帝；一种是木制的长柄上绑着一个锋利的刃，是一种厉害的武器，拿着这种武器天下无敌的人，就是帝。

个人支持第一种解读。靠打打杀杀让人家服气的，是流氓或者兵。而且，给刃安个柄或是给柄安个刃，技术含量不高，并不能算是什么武器的革命，威力不足以震慑一时，使人家称他为帝。再则，皇这个职称指的就是人间的王，帝的用法却长期指天上未可知的主宰，直至人间的王被称为帝，才另造上帝、天帝等词加以区分。天帝砍人，根本用不着拿木棍儿啊！能主宰万物生长的，才配得上"帝"这个称呼。

三皇时代，或可以与大家更为熟悉的旧石器时代相匹配。那时由氏族而部落，把首领称为"皇"很有可能。盘古氏、燧人氏、伏羲氏、神农氏等，作为各氏族的首领，都因某一重大革命而取得周边氏族的一致拥戴，进位为皇。

五帝时代，对应的则是新石器时代。那时部落的首领已经对自然有了一点点的了解，也对管理一事有了相当的经验和心得，他们依靠智慧取得不小的成就，赢得万众的尊重，成为人间的帝。

三皇五帝，数量不会恰恰是三和五。这两个数字，和四大发明、十大杰出青年一样，只是中国人在数字上表现出的一种浪漫而已。

司马迁所记的五帝，是黄帝、颛顼、帝喾、尧、舜。这五位，应该是漫长的五帝时代中的佼佼者，是这一时期"世系"中的五个点。黄帝、颛顼、帝喾，各自都传了若干代，继承的法则，已难以考证。尧和舜，则是相邻的两个帝，他们二人非亲非故，帝位的传承方法，是"相揖逊"，也就是被后世欣羡不已的禅让。

唐有虞中的唐，就是尧，他以陶唐氏老大的身份做了若干部落公认的帝。陶唐氏的来历，有的书上说尧先被封在了陶，又被改封至唐，故名陶唐氏。这个说法很不负责任。在商代盘庚迁都之前，帝或者王还没有形成定居的习惯，根本就没有分封制的基础。上古时期，姓随母亲，但并不是人人都有。老妈是厉害角色，孩子才能有姓，以说明自己的来历。兄弟们当中，有能力自己独立生活另辟山头的，就不必屈居于原来大家族中，可以单取一个某某氏的名号。

陶唐氏的来历，或者是出自陶氏的唐氏，或者是因为唐氏善于制陶而得名。

山西的襄汾，有一个疑似为"尧都"的陶寺遗址，出土了大量新石器时代的文物，其中就有为数不少的陶器。距襄汾不远不近的太原和临汾，也分别有"唐都"和"尧都"的古称，足以证明尧的迁徙不定，不存在被封于某地的可能。

唐氏精于制陶，反映出他们的小日子过得相当不错——陶器最初是干什么用的？储存多余的粮食啊！传说在仪狄、杜康之前，尧帝就已经做了造酒的尝试，也可以作为陶唐氏富庶的旁证。

尧帝还有不少传说，我来选两则靠谱的略作分析。

第一个是后羿射日。这件事应该是有所根本的，但越传越离谱儿，到最后居然扯出一段离婚官司来。这也是民间传说的一大特征，因为捕风捉影、添枝加叶的世代累积，细节不断生动，结构逐渐完整，就和本事没多大关系了。根据种种蛛丝马迹，后羿实有其人，但活跃于夏朝初期，比尧帝小一百岁呢。嫦娥呢，是黄帝时的官员，职责就是观测并记录月亮的变化规律，不但比后羿大千把岁，还和他一样是个男性。他俩被强行凑成一对儿，体现了中国老百姓的聪明和不依不饶：太阳和月亮是一家，那射掉太阳的和琢磨月亮的也必须有点什么。

尧帝时，确实有人射掉了九个太阳，但并非后羿，而是和他一样善于射箭的大羿。大羿射掉那么多太阳，一根箭都没用，因为天上根本就不可能有第二个太阳。陶唐氏的粮食多到需要用陶器储存，多到可以拿来实验造酒，原因在于他们对农业生产很有心得。要想在土地上多有收获，光会低头刨地还不够，还要学会抬头看天。据说黄帝时已有完整的历法，就是对天象规律的总结。但那么多的皇、那么多的帝，每个部落联盟都有自己的日历以指导农业生产。久而久之，难免会互相影响，造成困扰。尧帝正是看到了这一现状，才决心要整顿历法，只留下一种，而将其他的都废除——这就是射日传说的来源（当时通用的应该是太阳历，如果是太阴历，恐怕要劳烦大羿射掉九个月亮了）。

整顿历法，精于射箭的大羿不一定在行，负责重新观察太阳运行的，是羲氏与和氏。这两个字是否有点眼熟呢？没错，在后世的传说中，赶着马车拉着太阳满天巡游的太阳神羲和，正是得名于此。

另一则传说是围棋的发明。尧的儿子丹朱，顽劣不堪，尧画墙为棋盘，抓石子为兵卒，让丹朱从中揣摩带兵打仗的道理。丹朱虽然最终没什么成就，却歪打正着地成了围棋的始祖。就尧而言，能超越对武器本身威力的追求，开始大而化之地研究军事理论，他所领导的"中国"的战斗力可见一斑。

尧有大智慧，也有大胸怀，他最为人称道的，是以天下为公，在自己年事将高之际，遍访全国的贤人，寻找合适的继任者。

他找到一位许由，许由喜欢自食其力，对功名富贵没什么兴趣，听到尧让他作天子，赶忙跑到河边去洗耳朵。这时有一位巢父先生正牵着他的牛来喝水，看到许由洗耳很不高兴，说，你把河水都洗脏了，然后牵了牛到上游去。

尧又找到一位子州支父，子先生回答他，我倒是愿意做这个天子，但我现在有严重的抑郁症，要先去治病。

除了这几位，尧听到最多的名字就是有虞氏的舜，于是就对他进行了长期的考察。

舜在民间也留下了很多的传奇故事。说他被后母及同父异母的弟弟百般陷害，却每一次都能死里逃生（此类故事在民间传说中被赋予不同的主人公，比如包公），他的父亲瞽叟（瞎眼的老头子）眼盲心也盲，不能主持公道。而舜也不计较，一如既往地把孝悌的工作做得很好。他在历山耕作，受到感化的鸟兽都来伴他左右，提供力所能及的帮助。

我不大相信舜是这样的一个一无所有逆来顺受的倒霉蛋儿，他很可能就是有虞氏的首领。因为，尧考察他，不仅是要评比一个道德楷模，而是要选一个继任的天子。没有管理的经验，没有巫史祭仪知识的积累，很难放心将天下托付给他。

舜接受了尧的禅让，继位为帝，也确实没有辜负尧的重托。他重用有贤名的"八元""八恺"及大禹，流放"四凶"，祭天，巡狩，把人事、教育、法制、文化、行政等工作都做得很好。在他体力衰微的时候，也仿照尧的做法，把帝位禅让给了贤能的大禹。

揖，是拱手弯腰以示友好的礼节；逊，是礼让的意思。相揖逊，指的就是尧舜的禅让。

尧舜所开创的盛世，经济不是硬指标，也不是什么原始共产主义，而是在各安其分的基础上，大家都能有一个公心，对他人、对集体都能做无私的奉献。这个大同社会的基础，是选贤举能，让才德兼备的人各司其职。这个道理很简单，可不幸的是，中国人把这件事越做越糟。后世再言及尧舜，就只剩下一声叹息了。

尧舜禅让图

尧舜禹的禅让是人类文明从兴起到灭亡的缩影吗？

夏有禹，商有汤，周文武，称三王。

先解个数学谜题。夏禹、商汤、周文王、周武王，一共四个人，怎么称三王呢？之前我就讲过，中国人说数字，向来没有算术的科学概念，而是在人文领域当一个字来讲。三王，指的是夏商周三代，都有杰出的王。

夏，是中国历史上的第一个朝代，有自己的国号，而且代代相传。天下，从此不再是部落联盟的共享，而是一家的私有了。

做出这一革命性创举的，是大禹的儿子启。大禹依照禅让的古制，从舜帝手中接过帝王的权杖，无可厚非。他的功劳很大，人品也很好。他自己也丝毫没有产生私心，想把天下进行私有制改革。问题出在两点：第一，他死得太早，没来得及做好禅让的铺垫；第二，由松散的部落联盟逐渐生发出来的管理行为，使帝王累积了权威，集中了权力。

大禹之所以得到舜的垂青，之所以得到万民的爱戴，之所以得到"大"这一终极美誉，是因为他治理了肆虐的洪水，挽救了无数人的生命。大禹治水的方法，是疏。他的父亲鲧，是上一任的"治水办主任"，所采取的办法，是堵。堵来堵去，总跑不赢涨个不停的洪水，于是被尧处死。

禹能不计较自己家的悲剧，而以天下安危为己任，这一点就很不容易，再能放眼九州，因势利导，使咆哮于各地的洪水都乖乖地归于大海，就堪称伟大了。

世界各地的史前传说，几乎都有洪水的存在。为什么会有水患？无非是两个原因：冰雪意外融化；过量的降水。前者的诱因是气温的骤然升高，后者的根源是气压的持续不稳，但都说明这是地球的生态系统遭到严重破坏后正在重构平衡。是谁破坏了地球的生态平衡呢？

一个外因：天外飞来的横祸。无垠的宇宙，无数的星球，随便哪一个伸个懒腰打个哈欠都会破坏平衡，使相当大范围之内的星球变更原来的轨道，这个过程中，剐蹭追尾在所难免，对于附着在其上的生命、文明、生态，那就是灭顶之灾。

一个内因：人类自己的折腾。地球的生命已有四十五亿多年，人类的

大禹治水图

文明不过一万年，这太不成比例了。就我们能看到的四千年左右的信史，人类折腾的节奏一刻都没有停过。所以我推断，我们所处的这一次文明，只是众多文明中的昙花一现而已。过去我曾经认为，每一次的文明都有不同的主宰，比如恐龙。但是人类的好奇心屡屡突破上限，才使我意识到，每一次文明都像是一个游戏，小朋友们根据种种线索，孜孜不倦地找到物质的终极秘密，惊喜地按下终极按钮，随即将这一次的文明炸成一片灰烬，为下一次游戏清场。恐龙之类的超常动物，只是核辐射下的变异者，遗传物质被破坏，自然横行一世即告灭绝。现在有一些无法解释的史前文明遗迹，或许就是上一次大爆炸时的幸存。有的哲学家和宗教的创始者，往往有看似荒诞不经的言论，或许就是看到了某些遗存的文明片段，从而有所感悟，对时人发出警告。可惜，一个沉浸在游戏过程中的孩子，谁能让他停下呢？倘若我们听老子先生的苦劝，小国寡民，鸡犬之声相闻，民至老死不相往来，那将不会有战争、传染病、各种阴谋，这一次的文明便可延长许多。然而我们还是不幸落入了司马先生的预言，"三十岁一小变，百年中变，五百载大变，三大变一纪，三纪而大备。"一次大备，是四千五百年。没错儿，我们或许能见证一次文明的结束呢。

新的文明的开始，不得不面对生态平衡形成之前的恶劣环境。民间传说中，把这些难以解释的现象变成了一个个可以理解的浪漫故事。比如，共工（共工氏在黄帝时期的职责是管理水利，所以在民间传说中是水神，和负责管理火种的"火神"祝融氏是死对头）和颛顼争帝位，输了之后大发脾气，一脑袋撞断了不周山。不成想这是撑着天的顶梁柱，于是失去了平衡的日月星辰开始在天幕上按照一定的规律东倒西歪，地面也呈现出西高东低的失衡状态。原本与天相接的地方，出现了一个大洞，于是开始持续不断地漏水，导致地面洪水泛滥。直到女娲采来五色石，运用神力炼成糨糊，才把这个巨大的漏洞堵住。这一块补丁我们现在仍可以看到，就是大雨过后天上五彩斑斓的那一处。采来的石头并没有全部用完，剩下的一块沾了仙气，居然有了思想，开始对生命的意义进行思考，他决定幻化成人形，到人间来体验一把酸甜苦辣。他在人间的名字，叫作贾宝玉。

天上漏个不停，可见大禹父子面对的是多么大的一场洪水。难怪鲧偷用了上帝神奇的息壤都没能完成任务。大禹有了父亲的前车之鉴，明白堵不足以解决根本问题，于是在七年间用一双脚板丈量了九州，三过家门而不入，腿上的汗毛都磨得光滑无比。终于，他到了上游，知道了水从哪里来；到了下游，知道了水会到哪里去；看过了山，知道了水可以依势回转，放缓横冲直撞的脚步。大禹因此成了中国地理学的第一人，后世有两本奇书都与他有关，一本是《山海经》，一本是《禹贡》。腐儒们争论的是，这是哪一代的伪作。我坚定不移地认为，这两本书的内容，都是以大禹的亲见和手绘为蓝本整理而来的。因为，这两本书所记的都是干货，一本是人文地图，一本是山河地图，看不出有欺世盗名的功利动机，也不是对着墙壁支着下巴揪着头发能虚构出来的。

水患消除之后，万民对大禹的感激和爱戴如滔滔江水不可收拾——本来嘛，人家不图名不图利的，这么辛苦是为谁呢？我认为，这是大禹之后"家天下"的一个原因。后世的开国帝王中，也不乏民心影响政治的实例。

大禹继位之后，按照他亲自测绘的地图，分天下为九州，铸了九个鼎以作象征。中国从此有了中央和行政区划两个极为重要的概念，国家化的雏形已经完成。

大禹又在涂山大会诸侯，本意是请大家对自己有所监督，他的性格，本来极为谦逊。但是，携着治水的天功，这一次大会显示了极强的仪式感，进一步强化了大禹核心领袖的形象。

权力、管理体系、威严的形象——帝王从这一刻不再是一个为大家服务的苦力，而是一个高高在上的存在。从人性的角度分析，近水楼台的启少爷将之视为自己家的禁脔，不愿与人分享也是可以理解的。

但是，这第一个朝代夏，和后世所有企图传之万世的朝代一样，一代不如一代，失去了民心，终于被取而代之。紧随其后的商是这样，第一代的汤天下归心，末代的纣王则倒行逆施；再其后的周也是这样，开国的文武二王万民拥戴，末代的周赧王做了几十年的摆设之后，居然向当初给自己家养马的秦伯举手投降。

大禹真的是一个完美无瑕的圣人吗?

夏传子,家天下。四百载,迁夏社。

这一句"夏传子,家天下",应该加个括号,写上:禹除外。大禹的一生,似乎没什么瑕疵。孔子在给弟子们讲到大禹的时候,一个劲儿地堆砌赞美之词,我们读的时候,仿佛都能看到老先生搓手跺脚满脸放光激动的模样。

我想大禹在他晚年的时候,没必要为了私心,给自己光辉的一生留下一个污点当句号。事实上,大禹也仿效他的前任舜,以及前前任尧那样,在感到自己体力衰微,思维不再敏捷的时候,就开始物色禅让的对象。不幸的是,他选择的接班人皋陶死在了他的前头。不过还好,皋陶有一个很优秀的儿子伯益。于是大禹又把伯益定为自己的继任者。

关于这个决定,历代学者关注得不够,论述得很少。伯益诚然是个棒小伙(也可能是个棒老头,他父亲皋陶去世时已经一百零六岁了。不过,史书上所记的上古时期的人动辄活个一百多岁,很可能那时的年比较短),但以九州之大,贤人之多,大禹何以只盯着皋陶一家呢?如果是因为皋陶的功劳太大人品太好,那和禹死之后天下归心于启的情状类似,说明当时的人们已经有了"仁德"的判断意识,已经开始对个人的才德品行进行评价,已经有了对名人之后爱屋及乌式的移情——这也是家天下的征兆啊!

如果是因为皋陶所在的高阳氏和大禹所在的夏后氏是近亲，而且高阳氏一直对大禹忠心耿耿，所以一叶障目，看不到其他有实力接任王位的贤人，那还真的要给大禹近乎完美的人格扣上一点分了——这也是范围稍宽的家天下嘛！

伯益是舜的女婿，也是大禹治水的助手。据说《山海经》最初的作者就是伯益，可见他和大禹的距离之近、关系之深。令人费解的是，大禹为何不直接选年龄更合适的伯益，而是先属意于年过百岁行将就木的皋陶？仓促之间走上前台的伯益没有来得及有所表现，聚拢人气，为之后的乱局埋下了伏笔。大禹在做这个决定之时，心里会不会有一些不可描述的动机呢？

还有一个细节值得放在这里凑一个蒙太奇。舜在很早的时候就确定了禹储君的身份，禹却在行罢禅让礼之后，请舜的儿子商均来做帝王。在诸侯与百姓的一致要求之下，才又重登帝位。商均的资质，不是很高，父亲舜曾批评他只会唱歌跳舞。禹的儿子启，所擅长的也是唱歌跳舞。

伯益接受了禹的禅让，却没能品尝到做帝王的滋味。一个说法是启直接抢了他的王位，另一个流传更广的说法是，伯益走完了禅让的程序，以帝王的身份为大禹守孝三年。而这三年间，诸侯们有需要处理的政事，并不来找他，而是去请示启。于是伯益在三年守孝期满之后，主动把帝位让给了启，自己跑去箕山里隐居。过了六年，启以伯益图谋不轨为借口，将他杀掉，开启了中国政治史上血腥对待政敌的先例。

关于夏朝国号的来历，有的学者直接说，启建立了历史上第一个

夏启登基图

奴隶制国家，定国号为夏。变天下为公至家天下，对于禹是潜意识，对于启是直接的行动，从哲学上说得通，从管理学上也说得过去，从世俗心理的角度也可以解释，而归结于启个人的创造则有点勉强——我对他的偏见是因为他只是个会唱歌跳舞的官二代。

夏朝的夏，来自鲧禹所属于的夏后氏。夏后氏的夏又是怎么来的呢？和大多数氏族的称号和图腾一样，迷雾重重（一般说以地为氏，可地名是如何取得的呢？又说是因为某氏曾定居于此。这实在是一个先有蛋还是先有鸡的糊涂账）。考古人员帮了我们的大忙，他们在甲骨文中找到了几个疑似为"夏"的字（早期的象形文字一个字义往往对应几种不同的写法），形状极像夏季的鸣蝉（也有解读说像农夫顶着烈日在田间劳作或是掘沟渠以治水）。而在红山文化、良渚文化的遗迹中，也发现了和这个字形相似的玉质的蝉，商周的礼器上，也有蝉翼形的花纹，部分互证了由蝉而夏而夏后氏的逻辑轨迹。有学者继续发挥道：蝉居高饮清露的品质引发了夏后氏贵族们的共鸣，从而以夏为氏。如此丰富的想象力，不记录下来有点可惜。要知道，蝉作为诗中的意象以抒怀明志是唐代才有的事呢。

夏朝之前，部落联盟的首领并不一定长期由一个氏族来把持，所以并没有一个统一的"国号"。夏之所以成为第一个朝代的称呼，固然是因为后世给它的命名。但在当时，帝王突然变为一家的世袭，那么以之为核心的部落联盟便有了一个统一的称呼。举个例子，倘若周边一个不属于联盟的农夫在边境与联盟内的某成员发生冲突，被揍了一顿，回去后有人问他：兄弟，谁打的你啊？他一定咬牙切齿地说：夏！尽管直接揍他的可能是高阳氏或是高辛氏的成员。

部落联盟时期，轮流坐庄或是禅让，都可以保证选举出来的下一任帝王不是个只会唱歌跳舞的废物。家天下之后，储君的选择范围便缩小到了极致，或兄终弟及，或父位子承，至于及或承的这一位是呆是傻是痴是聋，根本没有选择。可怜的中国人，从此以后就陷入了四千年的循环之中：一朝中帝王越来越昏，到了极致就有人造反，然后又是如此的一朝。

启这么干了之后，马上就有聪明人看了出来，表示反对，说禅让挺好，你这样不对。启恼羞成怒，发动了战争机器去铲除异己。这个反对者是有扈氏。在正统历史观下，他一直被贴着反动派的标签。

启在征伐有扈氏之前，动员军队的语言被记录了下来，就是《尚书》中的"甘誓"。从这篇誓言中可以看出，夏初的时候，军队已经有了"六师"的组织，且有了威力巨大的战车。可以想象，那时的战争已经不是一帮野人拿木头石块在打群架，而是一桩系统工程了。对于天子来说，这是一柄双刃剑。一方面他可以征调各位诸侯的军队，另一方面，当他的威或德不足以使诸侯信服之时，这些武装力量便会轻易地把他掀下宝座。

启的儿子太康，是第一位真正在世袭制度中获益的少爷，就因为不努力工作，耽于玩乐，而被有穷氏的军队打跑。有穷氏因此短暂取得了号令诸侯的帝位，他们的首领，叫作后羿（夏朝的王，在位时称后，死后才叫帝）。后羿是射箭的行家，对政治却外行，很快被他信任的义子寒浞杀死。后羿和寒浞当国，共有四十年。到了太康的侄孙少康，才在忠于夏氏的诸侯的帮助之下有中兴之举，杀掉寒浞，恢复夏朝。

少康之后，夏朝便不再有能干的帝，坏得出奇的倒有两位。一位叫作孔甲，每天热衷于装神弄鬼地胡闹；一位叫作桀，残暴不堪，自诩为永不消亡的太阳，老百姓却说：时日曷丧，予及汝偕亡！恨不得和他同归于尽。蒸蒸日上的商族抓住这个时机，打败了桀，将历史翻到了商朝这一页。

"四百载"，是说夏朝共存在了四百七十一年（包括后羿、寒浞当国的四十年），传了十四代，十七帝（有几位是兄弟相及）。

"迁夏社"，是说商汤伐夏，并不同于后世的造反，成功之后要将前朝斩草除根。部落联盟的兄弟之情还在，我比你强就来争做老大，打赢了你只要服我就行。桀遭到的处罚是流放，夏族的子民依然得到了生存之地，只是把祖庙从中央迁到新的聚居地而已。"社"，就是庙，祭祀之所。社会一词，最初就是在庙里集会的意思。

你知道辅佐商汤的伊尹是最早的美食家吗？

汤伐夏，国号商。六百载，至纣亡。

如大家所知，汤是夏的诸侯。以武力对付天子，这是大逆不道。尽管可以把责任都推到桀的头上，说他是个混蛋，该打。但是，把个人和制度混为一谈模糊界限，这是造反者惯用的宣传技巧。桀和夏，是两个概念；桀的好坏和世袭制度的优劣，也不能用一个标准衡量。桀是坏蛋，没准儿下一代就是好蛋呢；汤倒是好蛋，可谁知道他儿子是不是坏蛋……

"汤伐夏"这一句，并没有责怪汤的意思。甚至，一个正气凛然的"伐"字，还使得汤在道义上完全居于上风。这是为什么呢？那一时期，虽然已经有了国家的雏形，但部落联盟的惯性还在。天子是生编出来的一个身份，帝或王，只相当于轮值主席国的身份。选举，是很斯文地请不称职的主席下台；伐，就是很不客气地把不称职的主席赶下台。下台之后，前主席国和其他的部落，还是平等的兄弟。这一惯性，到武王伐纣之后还有所保留。

如果不是启对禅让制的破坏，贤能的汤极有可能会自动成为下一任主席。而现在，他不得不进行一系列烦琐的操作：把自己的部落治理得很好——找到一个好帮手伊尹——对夏进行试探——说夏的坏话——对诸侯阵营进行分化——击败死忠于夏的诸侯——发动总攻。

好帮手伊尹值得单独说一说。空虚寂寞的现代人以晒美食标榜自己是美食家为荣，所以很有必要让他们知道伊尹乃是最早的美食家，第一个在烹饪上有所建树的人。

商汤能得到伊尹的辅佐，真是他一生的幸运。劝他伐夏的，是伊尹；帮他治国的，也是伊尹；立国之初，忠心耿耿，鞠躬尽瘁，历相五王，保商王朝五十年平安的，还是伊尹。

伊尹能得到商汤的赏识，也是他一生的幸运。因为认识了商汤，他陡然成为新朝的总理；如果没有这番奇缘，他一辈子都只是个手艺还不错的伙夫。

伊尹是怎么结识商汤的呢？孟子说，伊尹五就桀五就汤，也就是到桀和汤的地盘各应聘五次。

还有一个版本，说商汤求贤若渴，好不容易访得有莘氏里有一位贤者伊尹，前去聘请却遭到了拒绝。于是向有莘氏的首领求婚，老丈人顺水推舟，把伊尹当作陪嫁的礼物送给了汤女婿。

另有一个更靠谱的推断，结合民间传说的部分细节，似乎更接近事实真相。伊尹就是个奴隶，在有莘氏的宫中当厨子。夏商时有奴隶，但未必是奴隶社会，那时还没有大规模的土地兼并，部落内大家过得平等自由，只用族内犯了重罪的人或是打仗时抓来的俘虏来充当奴隶。商汤呢，也是单纯地到有莘氏去讨媳妇，因为有莘氏的特产就是美女。伊尹在公主的陪嫁物品清单之内，很可能是因为公主打小吃惯了他做的饭。那时的饭很好做，因为就是各种肉汤；那时的饭也最难做，因为只有盐和梅两种调料。伊尹懂得把酸和咸这两种味道调和至一个极美味的比例，这让商汤赞不绝口。然后突然撤掉其中一种，把新女婿馈得够呛，盛怒之下要把这个任性的厨子喊来治罪。伊尹立刻抓住机会，用盐梅配合的道理阐述自己的治国之道，汤瞬间为之倾倒。后世对宰相之才有两句夸赞：燮理盐梅，调和鼎鼐，出处就在这里。

在伊尹的筹谋之下，伐夏的计划圆满完成。汤登基为王，把这家天下时代第二个王朝命名为商。商是他们的族号，拿来做国号顺理成章。但商这个族号的来历又值得啰唆几句。

有一个说法：最早用火的是炎帝，最早教练射箭习武的是黄帝，最早和泥制陶的是尧，最早推广熟食的是舜，最早治蛇治水的是禹，号为"华"的部族最先开始采摘果实，号为"夏"的部族建立了最早的农业制度，号为"商"的部族最早开始贸易，周则开始推行封建。

以上说法不全对。交换贸易应该在早于农业经济的渔猎经济时期就开始了，有那么多贝字旁的字做证据。

"商"字在甲骨文中的造型，上面是一个类似于枷的刑具，下半部分是牢狱的象征。所会的意是：议定犯人的刑期。引申义是：通过沟通交流达成一致。商作为族号，不大可能来自职业——其时农业是新兴行业，商品交换历史已久，基本都是以自己的需求为驱动力，似乎不大需要一个规模庞大、游手好闲的商人群体。

商族起自于商丘的说法是有道理的。商丘，或者是五帝时期中央监狱的所在地，或者是中原各族集中进行商品交换的超级购物中心。

商这一朝，比夏强了太多。从时间上来看，一个四百载，一个六百载，多了足有两个世纪。这也不难理解，启是摸着石头过河，汤却有了前车之鉴；启除了唱歌跳舞，有的只是父亲的余威，汤却是文韬武略的一代明主，还有伊尹这个好帮手。

从夏开始，中国的历朝历代都拼命地想在政治上有所作为，但当他们成为历史之后，留下的却都是文化的遗迹。商朝最厉害的文化遗迹，是文字——甲骨文和金文。因为有了数量甚巨的文字和商朝的文物、后世的文献相互呼应，再矫情的历史学家也不敢否认商朝的存在。而之前的夏，再之前的三皇五帝，因为没有自己的文字资料留下来（或被发现），至今仍被怀疑只是传说。即使拿出众多的文物来做证，也只能被归入"史前史"的范围。

甲骨文与金文，被研究书法史的学者分为四期，书写的风格由朴拙可爱逐渐变得严谨规范。研究古文字的学者又发现，商朝文字已不光是简单的象形，而是兼有指事、会意、形声、假借等法。有了形声字标志着这已经是一个活的、可以无穷拓展的文字系统；有了假借，说明当时文字独立使用已极为普遍。

研究文化历史的学者则从这些抽象的文字中一点一点地释放出信息，基本勾勒出了当时的社会风貌，以及六百载的世系传承。

商朝的第五个王太甲，是汤的孙子，贪玩倦政，被爷爷的朋友伊尹关在了商汤陵墓所在的桐宫，悔过三年之后才重新执政，有所作为。

第二十个王盘庚，力排众议，迁都于殷，就是现在的安阳。所以后世将商又称为殷商。有个很有意思的假说，周武王伐纣的牧野之战，十万商军失踪，据说他们一直跑一直跑，最终到达了北美洲，后来的殖民者问他们，你们是什么人？回答说，我们是殷地的人，安阳来的，结果被听成了印第安人。

盘庚迁都不光在商，在整个中国历史上都是一件不得了的大事。在此之前，国家和疆域的概念并不明显。包括作为轮值主席国的部落在内，洪水来了大家就撒丫子搬家，水退了就找一处肥沃的土地种一茬稻粱菽麦黍稷，完全没有扎根的意识。中央飘忽不定，权威就大打折扣，管理也就容易出现混乱。盘庚之前，商朝中央迁了五次都，诸侯时时不听指挥，内部形成了数个小山头，盘庚于是决定一劳永逸地解决问题。他把各位贵族召集起来，以上天和人民的名义发表了一番强硬的演讲，阐明再次迁都的必要性，然后带领大家搬到了殷这个地方。这次没有征兆的迁都固然对王族内部的异己势力打了一个措手不及，但盘庚想到的办法更加彻底。他在殷大筑宫室，营造王城，以王城为圆心，划定了周边不小的面积为王畿，也就是直属于王家的土地。这一举措的意义何在呢？这是中国历史上第一个首都啊！围绕着首都，贵族们根据亲疏各自分得若干领土，联盟中的各家诸侯也因为中央的定都而把地域相对稳定下来。于是，封建成为可能，城乡、阶级等概念随之清晰起来，传说是大禹所定的"五服"管理模式得以落实。

盘庚迁都不如叫作盘庚定都。这一定，给商朝带来了三百年的生命。武丁是商朝开疆拓土最为辉煌的一个王。

商一共传了十七世，三十一个王。最后一个王叫作帝辛，也就是纣王（纣，也可以读受）。据说他生得很魁梧，能徒手打败猛兽，处理事情也极为果断，具备了做一个以武力见长的大帝的天资。可惜被另一个天资影响，成了亡国之君。什么天资呢？想象力。所有的帝王中，他是玩儿得最嗨的一个。他造了酒池、肉林，发明了炮烙、虿盆等酷刑。跟他一起发挥想象力的妃子妲己也因此成了红颜祸水的第一名。倘若此时他的身边能有一个如伊尹一般的辅政大臣，或许情况还不至于太糟；倘若他的好奇心只限于宫内，情况也不至于太糟。可惜他精力过剩，对外作战太多，既耗国力，又结怨于诸侯，终于被自己的表亲姬昌父子发现了可乘之机，将他推翻。他本人在周军开进首都的时候，穿上最华丽的衣服，在最豪华的宫室鹿台投火自尽。结局倒颇为刚烈。

武王伐纣图

武王伐纣对后世的影响很大吗？

周武王，始诛纣。八百载，最长久。

造反是一件很单纯的事，就是以推翻现政权为目的的暴力革命，无所谓正义与非正义。从哲学角度看，是矛盾运动的结果；从人性角度看，只是利益驱动而已。从古到今的造反者，智商余额不足的，都直接亮出底牌；智力正常的，却要造若干莫须有的理由来。礼仪之邦，这种事面子上也要过得去嘛。

然而，一个"诛"字，却让武王伐纣，周朝代商而立的正义性不容怀疑。为什么呢？儒家文化是主流，孔夫子是周礼奠基者周公的粉丝嘛。事实如何我们已不得而知，只能尽量通过对各种信息的重新梳理排列，得出我们自己的独立的判断。

周的兴起，和当时所有的部落并无二致，但他们较早地选择了定居生活可能是实力渐强的原因之一。他们定居的地方，叫周原。所以对外的族号就叫作周，他们所创建的朝代，也叫作周。

开始打王位主意的，是周武王的父亲，周文王姬昌。当然，那时他的头衔还不是王，是西伯。称其为王，是他儿子当了王之后的事。还有很多文献叫他西伯侯，很给我们带来些困扰。公侯伯子男，侯是第二等的爵位，伯是第三等。西伯侯这个称呼，因为在大众语境中，所以没必要去细究哪一位是公，哪一位是侯，反正都是诸侯，就统一加个侯的后缀好了。

周一天天蒸蒸日上，商纣王当然不开心，毕竟老祖宗汤取夏而代之的事迹还是那么脍炙人口。于是，他也像夏桀无故囚禁汤那样，把姬昌关在了羑里。

据说，文王在七年的幽禁生活之中，以推演前代的归藏易打发无聊，将之抽象总结，成为概括性更强的周易。《易》作为先民对自然规律长期观察而形成的智慧结晶，只有部落首长和巫才有机会学习和掌握。而且，七年的时光，靠看小人书不足以熬得过去，变化无穷的哲学却可以让囚徒的生活足够充实。

据说，纣王把文王一百个儿子中的老大伯邑考杀掉，做成肉羹请文王吃掉。有关商纣王诸多荒唐行为的传言，大多出自周人之口，并无实据。我们细心一点便不难发现，传说中纣王的恶行和夏桀的所作所为非常相似。在他两人之后，还有一位亡国之君也留下了类似的传说，隋炀帝。他们三人的共同点是，都很勇武，都在不长的时间里发动了不少的战争。

传说，文王在吃了以伯邑考为食材的肉羹之后获释。出城的路上，从口中呕出三只小白兔，其中的一只被嫦娥带到月亮上去收养。传说如此凄美浪漫，是它在民间的传播广度和接受程度的一个证据。倘若直接对大家说，走，我们造反去，恐怕得不到多少响应。但是对刚刚为伯邑考洒下一掬同情之泪的群众说，纣王这个王八蛋，我们去打他，为伯邑考报仇！那一定有不少人拎起锄头，满腔热血地参加革命。把斗争的对象从抽象的政权具体化到某个人，并且把这个人从道德上加以否定，这是个屡试不爽的套路。有不少靠勤劳致富，为人不坏的乡绅地主，就因为这个套路无辜躺枪，稀里糊涂地做了刀下之鬼。

文王壮志未酬身先死，伐纣的大业由他的儿子武王姬发最终完成。"临阵倒戈"的典故，让我们误以为灭商的战争一帆风顺。事实上，"倒戈"的，是一支由囚犯和奴隶临时拼凑而成的乌合之众。商朝的主力部队哪里去了呢？在打东夷。所剩下的不多的正规军，依然给周军造成了不小的麻烦。"血流漂杵"才是战场上真实的写照。另外，由这一场战争演义而来的《封神榜》也是一个旁证。天上那么多神仙都来凑热闹，双方杀到昏天黑地才分出个胜负。由此可见，如果周武王不是选择了一个合适的时机发起总攻，结果还真是难以预料。

协助周武王拟定战略抓住战机的，据说是大名鼎鼎、半人半神的姜子牙，也叫姜尚、吕尚、吕望、姜太公、太公望。像姜太公这样的高级人才，周武王还有好几个。而纣王阵营呢？虽然有"三仁"——箕子、微子、比干，却没有一个能为他所用。箕子是纣王的叔叔，装疯卖傻，被关了起来，武王把他解放后，他带着族人向东北方向一直走去，直到朝鲜半岛。

微子是纣王的大哥，却扔下弟弟离家出走，到他的封地，商族的发源地商丘躲了起来。武王获胜后，他把宗庙里的东西打了个包，跪着送给了武王，投降了。

箕子和微子，按照兄终弟及和父位子承的规则（夏商两朝，这两种规则都在使用，似乎没什么规律）都有资格做王，所以他们和纣王相处得不好，不排除因为争位不成而心生龃龉的可能。他们之所以能在"三仁"之列，接受万世敬仰，应该感谢孔夫子，应该感谢孔夫子的偶像周公。因为历史是他们写的，他们和箕子微子有共同的敌人纣王，自然也就是盟友了。

至于比干，虽然也是纣王的叔叔，倒可能真的是一个大忠臣。因为看起来他是用生命在给纣王提意见，他和夏桀时的关龙逄，是中国历史上早期的忠臣。忠臣相对的是昏君，结局都很惨；良臣相对的是明君，名利双收。

纣王对内不修文德，给了周人做思想工作的空间；对外用武过度，损耗了国力，给了周人乘虚而入的机会。投火自尽，不给周人诛自己的机会算是给六百载的商朝画了一个有骨气的句号。

此时的朝代更替，还有着部落联盟更换首领的遗存。新朝初建，周武王也没有对前代赶尽杀绝。周朝的都城定在了离他们发祥地不远的镐京，商朝原有的王畿，还留给了商族，相当于把商族的社，只是形式上迁了迁。纣王的儿子武庚，也被封在了这里，继续领导自己的部族。武王的三个弟弟管叔、蔡叔、霍叔，在离他不远的地方作为监督。但是，"三监"非但没有尽到自己的责任，还和武庚勾结在了一起，在武王驾崩两年之后，发动叛乱，直接的政治目标是恢复商朝。辅政的周公亲自出征，平掉了三监之乱，也终止了部落联盟时期灭国不绝祀的传统。此后的改朝换代，必然要斩草除根，将革命进行到底。

周初的总设计师们有感于部族独立平等的邦联制的不稳定，开创了一种新的体制：封建体制。核心思想是：只有自己的家人最可靠。大量的土地被切割成块，分封给王族子弟和极少数的大功臣，建立起一个一个的国，对王朝形成层层的拱卫。诸侯国之内，又可以再次封建，诸侯的子孙以及有功的大夫们，所得到的封地叫作家。国家的概念由此产生。

桐叶封弟图

周朝的封建制，诚然比夏商时的邦联制先进了一点，但依然没有解决家天下世袭制的根本矛盾，那就是王位继承者的选择范围太小，一国的安危系于一个不知道是贤是愚是傻子是混蛋的太子身上，又缺乏有效的监督，于是朝代更替便一直是历史课本中的主要内容。

天下都分给了自己的家人，也无法换来长久的太平。在人性的贪婪面前，亲情根本经不住太久的考验。周朝的八百载，战乱不堪的东周占据了三分之二。西周的二百多年，也只有厉王之前的一段还算说得过去。

春秋和战国有什么不同？

周辙东，王纲坠。逞干戈，尚游说。
始春秋，终战国。五霸强，七雄出。

辙，是车轮走过的痕迹。向东行进的这辆车，可以说是有史以来最为沉重的一辆，因为它虽然仓皇，虽然落魄，上面所载的，却是整个王朝。

曾经大行封建的周朝，曾经礼乐天下的周朝，有谁能想到，会沦落到这般田地！

至高无上的权威，森严整肃的法纪，作为国之根本的王纲，坠落到了滚滚的尘埃里，不再有往日的光芒。

辉煌一时的大周朝，是怎么走到这一步的呢？

亲自指挥完成了克商的大业，周武王操劳过度，在位不过两年就驾崩了。继位的成王年纪尚小，幸亏他有个好叔叔周公，只手擎天，才不至于出现政治真空，给管叔、蔡叔等觊觎王位的人以可乘之机。周公辅政七年，很辛劳，功绩也很大。经常是一饭三吐哺，一沐三握发，就是吃着饭有事要处理，不舍得浪费咀嚼的时间，把已经吃到嘴里的饭吐掉就去办公；正在洗头，又遇到公事，把头发像拧毛巾一样拧两把又去办公。如此多次才能完成吃饭和洗头。他制定了礼乐制度，平定了三监之乱，营造了东都洛邑，又对成王悉心教导，等侄子成年懂事了也不贪恋权位，即刻还政给成王。

　　有了周公打下的良好基础，成王与康王两代将近半个世纪的时间，西周一派欣欣向荣的景象。但之后的昭王与穆王两代，便盛极而衰。昭王好打，居然淹死在打败仗后的归途中；穆王爱旅游，国库的储蓄便大把大把地支出差旅费。有个细节被很多人忽略掉，给周穆王赶马车的车夫是个很棒的小伙子，因为车技出色而得到了封地，他的子孙在战国七雄中占据了两席，一个是刚烈的赵国，一个是笑到最后的秦国。

　　又过了五十年，出了一件大事。周厉王自己表现不好，使老百姓很难过，于是就有人发牢骚。而且，大家都认为发牢骚没什么不对。本来嘛，几千年了，尧舜禹汤，都没管过这事儿啊。可厉王却认为，天下是我家的，我不喜欢听，你们就不能说。他组建了一支维稳大军，在各种场合对国人的言论进行监管，谁敢批评他，就把人抓来杀掉。痛快嘴和掉脑袋，老百姓当然选活命啊，于是就出现了道路以目的奇观。大家在路上见面，满肚子的话不敢说，互相用眼神儿表达。听不到指责之声，周厉王对自己缔造的和谐盛世非常满意。他对之前曾经提醒他注意百姓声音的召公说，你看，不让他们批评我，就是这么简单。召公没有附和粉饰，而是语重心长地对厉王说了一番话，其中有一句三千年来一直铿锵回响：防民之口，甚于防川！

　　周厉王大约没听过大禹治水的故事，对召公的劝谏很不以为然。三年后，他终于感受到了川的威力——忍无可忍的老百姓手执棍棒锄头，聚拢到皇宫来，要和他理论理论。周厉王狼狈出逃，十四年以后病死。这件事历史书上叫作国人暴动。国人，不是全国的人，只是首都城墙里的人，城外的，叫作野人或是鄙人。

　　厉王出逃到宣王即位的十四年间，国事由周公（不是武王的弟弟）、召公共同主持，重要的事项，六卿一起参与商议。这种政治结构，称作共和。

　　宣王高开低走，始则恢复了万国来朝的气象，终则又回到了昏君佞臣山河破败的老路——专制国家，家天下或是群体的世袭，不愿意听批评指责甚至是善意提醒是一个普遍现象；偶尔出现的盛世根基不稳，极容易脆断式塌方也是一个普遍现象。

西周的最后一位王——周幽王不负众望，他压轴演出的剧目叫作烽火戏诸侯。戏足够精彩，花费也颇为可观，除了金钱，还付出了仅存的信任。

周幽王宠爱妃子褒姒，为此不惜废掉王后和太子，改立褒姒为后，立褒姒的儿子为太子。

据说美女褒姒不爱笑，或许是性格内向，或许是有某种类似于面瘫的疾病。周幽王认为，我是天下的王，没有什么事办不到，逗心上人一乐简直是小事一桩。小事不见效，就逐渐玩儿成了大事。周朝的王室和各路诸侯有约定，当王室受到威胁时，只要点燃烽火，诸侯们看到狼烟（狼粪烧

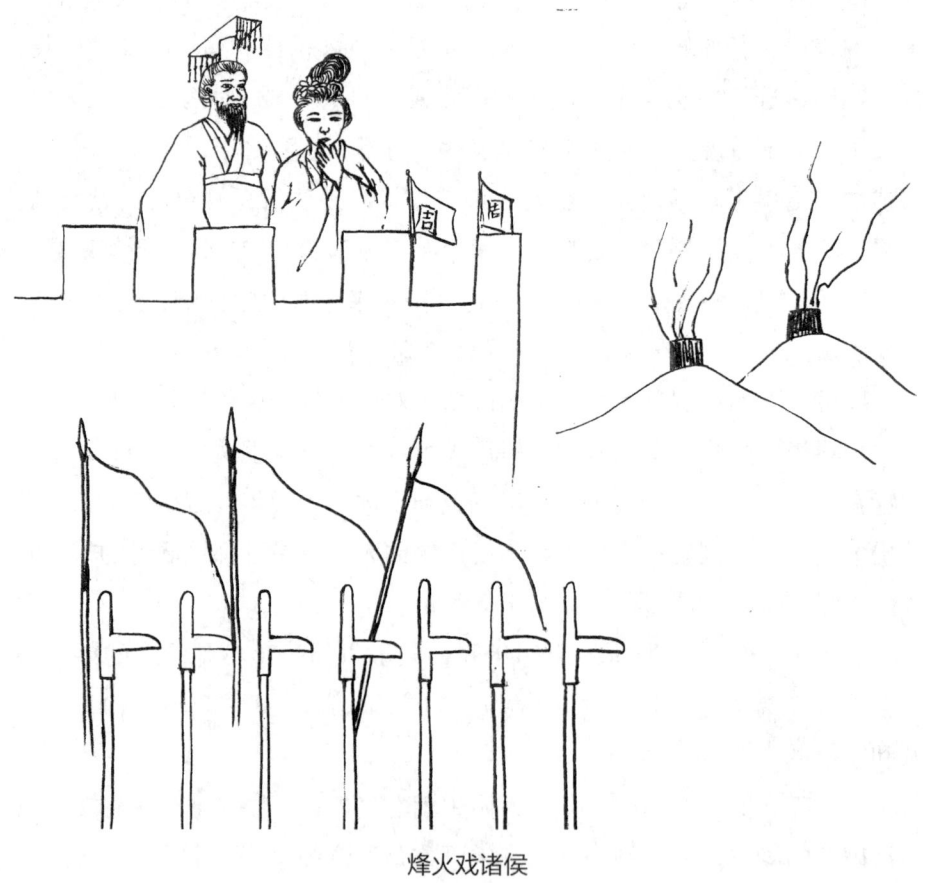

烽火戏诸侯

起来的烟），就光速赶来救驾。幽王对褒姒说，我给你变个戏法啊，你看城下这块空地，我瞬间就能给你变出一堆人来。说着就把烽火台给点着了。狼烟的颗粒大，风吹不散，一直向上升得很高。四方的诸侯一看到，拎起刀枪就赶到了镐京城下。

褒姒这回真开了眼界，跳着脚地笑。诸侯们却傻了，敌人没看到，就只见城墙上两口子笑到不成人形，知道是恶作剧，禁不住骂了几声，呸呸呸，这两个瓜娃子！然后掉头回去。

再说那个被废的太子，担心被迫害，逃到了姥爷和舅舅主持的申国。申侯问清原委后勃然大怒，当即开始做伐周的准备。终于在第三年，联合了西方的犬戎，一举攻克镐京。周幽王虽来得及点燃烽火，但这一次戏法没有奏效，诸侯们谁愿意再被戏耍一回啊。周幽王在骊山被杀，褒姒被抓去犬戎当了小丫鬟。废太子登基做了周平王，但迁都势在必行。一来镐京已不再安全，二来自己毕竟背负着弑父弑君的嫌疑，很有必要离开这个是非之地。

迁到哪里去呢？周公主持营造的东都洛邑，一路谁肯来保护他呢？是专业养马二百年的秦，一个虽然有封地但还没爵位的"新兴企业家"。

"周辙东"是个标志，标志着"王纲坠"，也是西周和东周的分界线，还意味着后世历史学家所划定的春秋时期的开始。

东周五百年，前半程是春秋，占去百分之六十；后半截是战国，也有两个世纪。这一段历史，时间长，主角多，精彩纷呈。

春秋之时，周王室在道义上的优势已经一落千丈，也没有什么东山再起的进取心，其形势已经和夏商的末期没什么两样。之所以还能苟延残喘，一是凭着周公所定的礼制勉强维持着仪式上的威权；二是有几位聪明的诸侯还需要留着这么一个傀儡，挟天子以令诸侯；三是商汤与周武王是创业的榜样，他们享受的福利是，一家造反，其他诸侯都只是跟着摇旗呐喊或是静静地围观，而现在却是群雄并起，互相牵制之间反而给迟早是块肉的周留下了生存的时间和空间。

春秋时期的主题词是"逞干戈"，就是炫耀武力。谁在逞呢？各诸侯国的国君。怎么逞呢？打仗。春秋时战争的频率比战国时可高多了。为什么逞呢？争霸。霸的级别，比王低。霸是比谁厉害，我能欺负别人，别人还不敢欺负我。王是恩威并施，有钱有枪有地盘有很多朋友，就是没有对手。到了这一步，就可以客客气气地去和周王商量禅让的细节了。

逞来逞去，决出了前五名。关于春秋五霸有多种说法，《史记》中五霸指的是：齐桓公、晋文公、宋襄公、秦穆公、楚庄王。

齐桓公和晋文公经常被并举，他们也确实很像：都是因为宫斗流落在外的公子（公的儿子，公子的子，是公孙。在没有正式封号之前，先这么叫着）；都是靠了外人的帮助才侥幸得位；身边都有得力的助手，齐桓公有鲍叔牙和曾经射他一箭却被他信任的管仲，晋文公则有狐偃、赵衰等五贤士；都是先修内政再对外交伐；都高举尊王攘夷的大旗。

宋襄公位列五霸有点勉强，他有称霸之心却无称霸之力。先后两次会合诸侯，都不算成功，第二次还差点丢了性命。宋襄公一生最大的亮点，是在齐桓公死掉之后，率军护送齐孝公回国，平定齐国内乱。他为人不错，有仁义之名，与强大的楚军对阵之时，坚决不肯在敌人半渡和立足未稳时发动攻击，于是大败，自己也重伤而死。他称霸的时间，是在齐桓公之后晋文公之前，算是两大霸主之间的一段插曲。

秦穆公是真霸王，却不被部分历史学家所承认。原因是他不曾以天子的名义大会诸侯。秦穆公有仁德，他的马跑丢，被三百个老百姓吃了一顿烧烤，他不但没有怪罪，反而送来美酒，说好马有毒，需要用酒来解。更为难得的，是他肯承认自己的错误。晋文公刚死，他做出一个错误的决定，偷袭晋的保护国，结果在崤之战被晋军伏击，全军覆没。四年后，秦军大破晋军，一雪前耻，穆公亲撰悼文，祭奠那些因自己错误决策而丧命的秦军将士。

楚庄王最有名的典故就是一鸣惊人。当他还是一个沉迷于酒色的昏君的时候，曾经醉醺醺地说，有只大鸟，三年不飞，一飞冲天，三年不鸣，一鸣惊人。酒醒后，他果然做到了。楚在南方，长期是中原各国共同的敌人。楚庄王居然能长驱直入，驻军在周王的城下，问前来招待的使者：你们王室的九鼎大概有多重？

不承认宋襄公与秦穆公的学者们，心目中的候选对象是吴王夫差和越王勾践。吴越之间的争斗，因为有西施范蠡卧薪尝胆等佐料而被大家所熟知。其实把视野放大，这故事还有另一种讲法。齐国要侵略鲁国，流亡在外的孔夫子派出了弟子子贡去做穿梭外交。子贡到齐国，对权臣田常说，你想借刀杀人独揽权柄，那应该去打更厉害的吴国啊！接着到吴国，对吴王夫差说，想争霸，伐齐救鲁是个机会，顺道还可以吓唬一下你的主要对手晋国。吴王说，后方的越国憋着劲儿想灭我呢。子贡于是来到越国，对越王勾践说，你想干坏事，先让人家知道了，这有多愚蠢你知道吗？勾践急忙问如何对策。子贡说，吴王要打齐国，你派兵跟他去，他信任了你，国内又空虚，机会不就来了嘛。归途中，子贡顺便卖了个人情，告诉晋国，吴国人要来，提前做好准备。

这一番出访的结果如何呢？存鲁、乱齐、灭吴、强晋而霸越。厉害吧，这就是游说的力量。

游说是战国时的主题词，游说的对象是各个强国的国君，游说的主体则是一些有能力、有智慧、又很想有所作为的读书人。

有两件事是战国开始的标志：一件是三家分晋，强大的晋国灭亡于权臣，分裂成韩赵魏三个国家；另一件是田氏代齐，齐国是姜子牙的封地，却被外来的权臣田氏鸠占鹊巢，由姜齐变为田齐。这两件事所表现出来的深层问题是，之前只是诸侯王不把周天子放在眼里，现在自身难保，诸侯国之内的卿士大夫们也开始蠢蠢欲动了。

战国的战，不像春秋时只是战斗、战争，经过三百年的战乱，此时已升级为战略、战役——打得次数少，每一次都有着决定性的结果。

上兵伐谋、不战而屈人之兵等理论的普及是游说之风兴盛的一个原因；学了点本事的平民受到卿士大夫们犯上作乱行为的鼓舞，也认为这是施展才能建功立业的良机，这是游说行为的另一个动机。

当时的天下，七雄并立。我的小学老师把他们的名字编成一句口诀，使我终生难忘：齐楚秦燕赵魏韩。其中秦楚是最强的两个，游说便围绕着他们展开。联合起来打秦国的策略，叫合纵，代表人物是苏秦；以秦为核心，通过拉拢的手段各个击破的策略，叫连横，代表人物是张仪。

活跃于各国之间进行游说的，有苏秦、张仪这样的职业纵横家，也有孟子、墨子、荀子等学院派，还有间谍与特务。那真是一个人类智慧尽情绽放的年代啊！

其实，群雄逐鹿，比拼的根本还是经济、内政与人才。把这三者都做得很好的，是秦国。所以，五百年的春秋战国，八百载的周朝，都是由秦来画上了一个句号。

会赶马车的小秦如何在群雄逐鹿中笑到了最后？

嬴秦氏，始兼并。传二世，楚汉争。

"嬴秦氏"，就是秦始皇。嬴是他的姓，秦是他的氏。上古时的姓，标志的是谁生了你。所以有姓的人都有一个厉害的妈妈或是姥姥，或是妈妈的姥姥和姥姥的姥姥。氏，则是自己争取来的。地盘、官职，都可以为氏。

嬴姓在战国的时候，除了秦氏，还有赵氏。秦国与赵国，不仅是同姓，而且是距离很近的同宗。再具体一点，秦氏是脱胎于赵氏。战国进入兼并阶段时，最具有决定意义的是长平之战，恰恰就发生在秦赵这对家人之间。

中国人对成功的理解大多很肤浅，成者王侯败者寇。站在台上的，都极力地把开屏的尾巴对着镜头，即使是淌着血的伤口，也要画成一个笑着的嘴唇。台下看戏的呢，只见贼吃肉不想贼挨打，幻想着一觉醒来，自己也可以跻身台上的靓丽光鲜之中。

嬴秦氏完成兼并大业，非一人之功，也非一时之利。作为一个经典的创业案例，嬴秦氏给准备努力的人们以很好的启示：第一，要有一技之长；第二，要经过很长的积累的过程。

嬴姓的祖先们，有一项传统的手艺，养马。他们靠着对这一手艺的坚守和精益求精，不但掘得了第一桶金，而且梅开二度。

西周的穆王，是个痴迷于四处旅游的浪荡子。据说他曾经走到了西王母的地盘，可见其出游范围之广。一路为他赶马车的车夫，叫作嬴造父。把穆天子平平安安地拉出去拉回来，造父功劳不小，他因此获得了一块封地"赵"。过了五十多年，他的一位侄孙非子，又因为养马有功，被周孝王封在秦地，这便是嬴秦氏的来历。需要注意的是，这个秦地，并不在陕西，而是在甘肃天水一带。

此后的一百年间，秦人虽然为周王室抵挡西边的犬戎等外族的侵略，却一直没有得到正式的爵位，还不能位列诸侯，只是一个小小的附庸。后世的史书中，对此时嬴秦氏的首领称公、侯、伯，并不准确。

西周的最后一缕烽火熄灭，平王仓皇东迁。沿路护送的，就有小小的秦氏。秦氏能获得这份差事，与身份无关，与实力无关，与勇气也无关，完全是因为他们有着对犬戎作战的丰富经验，能让刚刚被这些野人吓破了胆的周平王获得一些安全感。

事实证明这是一桩美差，到达洛邑之后，周平王封一路陪伴左右忠心耿耿的秦襄公为伯爵，秦从此正式成为诸侯的一员。

细心的读者可能会发出这样的感叹：天哪！秦国和春秋同一天开始，竟也是战国的终结者！敏感的读者也可能会发出这样的感叹：天哪！原以为秦统一天下是秦始皇一个人十年的业绩，没想到竟然用了三十代，五百五十年！

这五百五十年当中，有一多半的时间嬴秦氏混得很不怎么样。三十位国君当中，有所作为的，也只有五位而已。他们的作为，李斯的《谏逐客书》里总结得很好：昔穆公求士，西取由余于戎，东得百里奚于宛，迎蹇叔于宋，求邳豹、公孙支于晋。此五子者，不产于秦，而穆公用之，并国二十，遂霸西戎。孝公用商鞅之法，移风易俗，民以殷盛，国以富强，百姓乐用，诸侯亲服，获楚、魏之师，举地千里，至今治强。惠王用张仪之计，拔三川之地，西并巴、蜀，北收上郡，南取汉中，包九夷，制鄢、鄢，东据成皋之险，割膏腴之壤，遂散六国之从，使之西面事秦，功施到今。昭王得范雎，废穰侯，逐华阳，强公室，杜私门，蚕食诸侯，使秦成帝业。

这篇文章才气纵横，傲视文坛两千年，强烈建议大家反复研读。欣赏文采、学习写作之余，也可以略知一下秦国的发展史。

秦穆公的故事我们在讲春秋五霸的时候已经做了简述，这里再重复几句。穆公作为一代霸主，可以贴这么三个标签：第一个是爱才、惜才，先后有由余、百里奚、蹇叔、邳豹、公孙支等超级人才来为秦国服务。第二是有宽仁之心，他的马被老百姓做烧烤吃掉，他不但没有加以责罚，反而送来美酒为大家解去马毒。之后，秦穆公在和晋国军队作战时身陷重围，突然有一支手持棍棒锄头的敢死队冲了过来，在大家的目瞪口呆之中簇拥着穆公呼啸而去，他们正是那吃了烤马肉的百姓们。第三个标签是知错能改，他曾经乘人之危，在晋文公新丧之际偷袭晋国的保护国郑国，结果在著名的崤之战中全军覆没。大败之后，秦穆公自己承担了所有责任，四年后，秦军大胜晋军，秦穆公亲自作文祭奠四年前为国捐躯的将士们，文中再次进行了反思和自责。

秦孝公的标签，是变法。穆公之后的二百六十年，秦国过得相当惨淡，内讧不断，诸侯争雄他们只是个看客。孝公认为，非变革不足以复兴。恰在此时，在魏国失去了靠山的公孙鞅到秦国来寻找发展的机会。

公孙鞅，是卫国某一个公的孙，所以也叫卫鞅，在秦国立功之后有了商的封地，才被叫作商鞅。

商鞅有两个偶像，李悝和吴起，都是法家实践派的开山祖师。商鞅到秦国，随身带的就是李悝的代表作《法经》。他用仁义忠孝的内容试探了秦孝公两次，都成功地将对方催眠，于是他在争取到第三次机会之后，开门见山地抛出变法强国的全套方案，把秦孝公听得热血沸腾，当即决定重用商鞅，让他主持变法。

商鞅发布的第一条法是，谁能把一根木头从东门搬到西门，就给十两黄金。这种无厘头的事大家当然不会相信，所以第一天并没有人去以身试法，但是街头巷尾都开始议论。当热点形成之后，商鞅在第二天将赏金修订为五十两黄金。立刻就有一个男子把木头扛起，向西门前进，后面浩浩荡荡地跟着大批看热闹的群众。此时，商鞅已经在西门，捧着五十两黄金在等待这位勇士。木头一放在指定位置，该男子即刻得到了这一笔巨大的赏金。满城因此轰动。此后商鞅再发布法令，大家立刻就会周知并执行。秦国也因此迅速有了一个新的面貌，国库充实，战斗力陡升。

　　商鞅的法，核心的精神有两点：第一是重农抑商，鼓励生产；第二是赏罚分明，人人平等。人人平等，意味着贵族的特权受到抑制，而在普通的百姓的面前却出现了一条通往上层阶级的天梯。用现在的话来翻译，就是严打加上以经济建设为中心。

　　赤裸裸的利益诱惑和冷冰冰的严刑峻法同时并行，秦国立刻变身为一架高速运转的机器，令六国闻之色变。

　　商鞅的结局，是搬起石头砸了自己的脚。他被人告发谋反，才发现没有辩白的空间，只好铤而走险，起兵与中央对抗。按照他设计的法，士兵们正可以用他的鲜血染红自己的前程。兵败身死之后，商鞅被车裂示众。

　　古今的变法者，很少有善终。过去主流舆论都在歌颂他们的勇敢无畏，我们是不是也该反思一下，这些变法者的悲剧，是否是因为他们的自私和偏执呢？

　　惠王是孝公的儿子，父亲留给他一个狼性十足的国家，他也就顺水推舟，不再对名义上的周天子有什么客气，索性称王。他的主要助手，是纵横家张仪，他仅凭三寸不烂之舌，就坏了六国的合纵，令主要的竞争对手楚国一退再退，一蹶不振。

　　昭王在位时间长，打的仗也多。他的助手，是来自魏国的范雎。范雎所确定的战略思想，是远交近攻。昭王因此获得的政绩，是蚕食诸侯。战国期间具有决定意义的长平之战，就是昭王的杰作。这一仗消灭了赵国四十万军队，据说现在到山西的高平，都能听到当年的冤魂在哭号。长平之战赢得很悬，更悬的是差一点改变后面的历史，未来完成统一大业的始皇帝嬴政，那个时候还在赵国当人质呢！

第三十讲 会赶马车的小秦如何在群雄逐鹿中笑到了最后？

秦始皇奇迹般地没有被愤怒的赵国人撕票，九死一生回到秦国。这一段跌宕起伏的剧情，导演是秦始皇左膀右臂之一的吕不韦。对吕不韦的评价，历来不高，或者是因为他商人的出身，或者是因为他与太多的宫闱秘事有关。其实客观分析一下，英雄不问出处，能导这样一出好戏，吕不韦已经是商人里最有文化的老手。更何况他辅助庄襄王和始皇两朝，内政外交军事经济都做得非常好。还有不喜欢他的人说，这都是他的门客干的呀！但能把三千能干的人罗致到自己门下，为自己所用，这难道不也是一种了不起的本事吗？

秦始皇的另一个帮手，是李斯。李斯和韩非是同班同学，他们的老师，是儒家的杰出代表荀子。亲手教出两个法家的大腕儿来，不知道荀老师心里是自豪呢，还是自责？

李斯一生奋斗的原动力，就是对富贵的追求，而以他的才能，想不富贵似乎很难。他除了是个法家，还是文学家、书法家、经济学家和管理学专家，而且几乎都是唯一的。我个人认为他最伟大的贡献，是郡县制。由他所完善的这一政治结构，几乎贯穿整部中国历史。

郡和县，在春秋后期初现雏形。上大夫受县，下大夫受郡——县比郡要大。和传统的封建比起来，最大的不同就是地方首长不世袭，而是由国君直接任命并进行管理。县字的本义就是悬，大一点的县，很多时候和世袭的封地一样，失去了控制，真的悬了起来。按照李斯的设计，抬高郡的地位，用来管理悬着的县，郡县的人事大权，都集中到中央来。之后的两千年，对李斯中央集权制的修订，就是在郡的上面又增加了一个层级而已。

万事齐备，水到渠成，始皇本人也展现了极强的官子功夫。完成"兼并"大业，秦王嬴政认为这番成就足以比肩三皇五帝，于是给自己加了一个前无古人的尊称：皇帝。这一称呼自他开始，所以他是始皇帝，其后二世三世地传下去，直到万世无穷。

为了这个目标，秦始皇也付出了足够的努力。比如很辛苦地出巡，还要衡石量书；比如书同文车同轨（这不是什么文化上的贡献，统一的必然产物而已）；比如修建高速公路秦直道；比如为了统一意识形态而进行的焚书坑儒。

始皇东巡图

秦二世而亡，从西汉的贾谊开始到现在，都把原因归结于暴政之上。我认为有点想当然，没有分析到深层原因，也把始皇和二世混为一谈，让老爹给儿子背了不少黑锅。二世确实是暴，但除了脑子不好使，也不排除非正常手段继位后，要迅速消除不利于自己的舆论。至于始皇的暴，新朝建立之初，百废待兴，仇敌环伺，哪个开国帝王能做到一团和气？假设一下，始皇若不是死于出巡途中，如果能很从容地把权力过渡给公子扶苏，秦朝的二世，迎来的可能不是楚汉相争，而是一个值得歌颂的盛世啊。

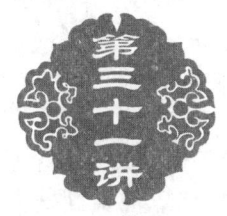

流氓气质是刘邦称霸的秘密吗?

高祖兴,汉业建。至孝平,王莽篡。

楚汉相争是一段草根逆袭的大戏,结局是中国出现了第一个平民出身的帝王,给后世很多心存理想的流氓以榜样。

秦始皇出巡,来到楚地,整肃的威仪引来无数百姓夹道以观。观众中有两个男人最为专注,一个指着始皇的车驾说:彼可取而代之!这是楚国的贵公子、未来的西楚霸王项羽。另一个年龄大一点,满脸艳羡地说:大丈夫当如是啊!这是未来的汉高祖刘邦。

秦末的大乱,还不是刘、项双雄率先发难。第一个有勇气和大秦叫板的,是陈胜。他有几句名言证明他并不是一个冲动的流氓无产者。年轻时他对一起帮工种地的穷哥们儿说:苟富贵,勿相忘。吃了上顿没下顿的兄弟们以为他吃撑了胡说,狠狠地笑话了他一顿,结果换来他更狠的一句:燕雀安知鸿鹄之志哉!

这只鸿鹄被抓去当兵,赶上连日下雨,无法按时到达指定地点。按秦律,杀无赦。一般的人在此时会悲戚地认为,自己被命运抛弃了。陈胜却认为,这才是触底反弹的时机。他给同行的九百名难兄难弟们分析,这么走下去,到地儿必死;如果造反,大不了也是死。与其傻乎乎地伸着脖子等人家砍,还不如搏一把,成了可以风风光光地活,败了也可以轰轰烈烈地死。最后他用一句响当当的话夯实了大家的决心：王侯将相宁有种乎？

陈胜的起义军势如破竹的时候，刘邦还是一个游手好闲的混混。然而也有识货的人看好他的前程，他的老丈人吕太公就是在此时将女儿吕雉嫁给了他。但此时连刘邦自己也是一片茫然，他当了个亭长，也押着几百个壮丁去当兵，也是不能按期到达。他索性把大家都解放了，自己躲到山里去，把身份由流氓升级为一个贼。

他的老家沛县的副县长萧何认为这个贼奇货可居，和他里应外合，杀了县官，捧他为首领，正式跻身起义的诸雄之一。

刘邦赋风图

第三十一讲 流氓气质是刘邦称霸的秘密吗？

项羽和刘邦，相识于以项羽的叔叔项梁为核心，以一个冒充楚怀王孙子的放羊娃为傀儡的大楚阵营之中。项羽在巨鹿之战中破釜沉舟，大破秦军。与此同时，刘邦则在萧何与张良的策划之下，乘虚直捣首都咸阳，受秦王子婴之降，取得具有象征意义的反秦胜利。

愤怒的项羽与老江湖刘邦稀里糊涂地摆了一场鸿门宴，接管了天下，却放走了刘邦。八个月后，刘邦凑齐了汉初三杰：萧何、张良与韩信，明修栈道暗度陈仓，用了四年的时间，先逼项羽鸿沟划界，又在垓下十面埋伏，使不可一世的西楚霸王项羽四面楚歌，乌江自刎。

楚汉相争至此落幕，中国历史上最为重要的大汉帝国宣告成立。

中国历史上的开国帝王中，刘邦是能力最差的一个，文不能文，武不能武。可他却成了汉民族、汉文化的奠基人，原因在于什么呢？秘密就是他的流氓气质。

汉高祖刘邦是一个彻底的流氓无产者，所以有大破大立的气魄——这是他"汉业建"的基础；而他真的能以天下为自己的家，明白为他所用的都是家人，明白所有的给予赏赐不过是从一个房间搬到另一个房间而已，从而显现出极大的胸怀，使诸多优秀的人才甘心为他卖命——这是"汉业建"在具体执行上的保证。

同许多王朝一样，汉朝第二代的交接也出了一些问题。当年在刘邦身上下了赌注的吕太公终于收获了回报，他的女儿，开国皇后吕雉在刘邦死后大发其威，大当其国。不过，她并没有传说中那么一无是处，刘邦制定的国策她执行得很好，国家的日常她也打理得很好。所以，她作为过渡人物，没有给后继者挖坑，而是为其后的文景之治铺好了路。

文景之治，是历史上盛世的典范。其核心精神是将儒道法三家综合运用，或者像汉宣帝批评他儿子时所说的王霸相参。这套注重实际的方法论非常管用，可以说是刘邦实用主义流氓精神和汉初革命实际相结合的产物。西汉的两次衰落，恰恰都是因为没有好好执行这一套方法论。武帝太霸道，吃光了祖宗的老本儿，盛极而衰；元帝太阴柔，一蹶不振。

文景时期唯一的遗憾，是汉景帝对于"一国两制"的现状有点操之过急，没有耐心等所余不多的封建势力积累到足够质变的矛盾，结果激出一场七国之乱来。

汉景帝时的七国之乱，是封建制和集权制最后一次刀兵相见，也彻底证明了以血缘为基础的封建制确实不适合中国国情。

秦朝开国，实行了八百年的封建制事实上已经戛然而止。但是嬴秦氏二世而亡，封建制对于集权制自然要有一些复辟的举动。刘邦有超群的政治智慧，他对此采取的态度是搁置争议，让子弹飞。于是汉初既有封建又有集权，一国两制，相安无事。但是，西汉时的诸侯国，自由度并没有西周时那么大，中央对他们的管控力度不可谓不严。照这个趋势发展下去，封建制自己走向衰落也用不了几代。可惜，景帝和他所依赖的忠心耿耿一身正气的晁错，都没能看到这一大趋势，从而又付出了一场内战的代价。

景帝之后的汉武帝名气很大，毁誉参半。我个人对他评价不低，原因有二：一个是他能接受司马迁对自己有所批评的《史记》；第二是他在干了一系列荒唐事之后能自省、自责，还发出了一份著名的罪己诏。别说权力无边的帝王，就算是权力半径极其有限的我们，有谁能保证不犯错？有谁能做到有错必改？

汉武帝广为人知的功绩，是打跑了匈奴，沟通了西域，这是他庙号得了一个武字的原因。其实他在文的方面贡献也很大，罢黜百家，独尊儒术，一举确立了儒家思想为国家的主流意识形态，而且一保持就是两千年。

在位时间太长的皇帝，晚年大多要犯一些糊涂的毛病。我想这大约是因为几十年接受大家的朝拜与敬畏，难免把自己当神。人就是人，一旦跟神沾边儿就要出乱子，比如神经病人。汉武帝晚年亲手酿出一个巫蛊之祸，逼死了太子。然而这个伟大的帝王在临终前拨乱反正，以极其强悍的举动确定了继任者，保证了其后昭帝和宣帝两代的复兴。真是了不起。

西汉的终结者，叫作王莽。此人的来历，可以往前倒四代，也就是历史学家们总结的"元成哀平"时期。这四代的共同点，是老太太当家、小寡妇当家、外戚当家。汉元帝不喜欢他的王皇后，自己又缺乏足够的掌控力，于是王皇后便以一个怨妇的身份当了汉朝天下的家。不幸的是，她没有吕后以及窦皇后的智商，西汉从此走上了穷途末路。她所重用的本家之中，有一个很能伪装的侄子王莽，逐渐钻营到了权力的中心，逼着老太太交出传国玉玺。王老太太忽然明白，自己作为刘家的媳妇儿，这都做了些什么呀！她发的最后一通脾气，是一边哭着一边用玉玺去砸自己的侄子，于是李斯在和氏璧上用漂亮的小篆刻出"受命于天既寿永昌"的传国玉玺，被磕崩了一个角。我们现在还能看到这件实物，崩坏的地方用黄金补了起来。

汉平帝为什么叫"孝平"呢？这是因为汉朝立国之初就标榜孝道，提倡以孝立国，每一个皇帝的谥号前面，都要加一个孝字。比如汉武帝，正确的称呼应该是汉孝武帝。

比较滑稽的是，建立汉业的高祖皇帝刘邦，在孝这件事上做得并不好。他都当皇帝了，他老爹刘太公还在老家种地呢。虽然，这是个没人敢惹的天下第一老农。

东汉和西汉是两个不同的朝代吗？

光武兴，为东汉。四百年，终于献。

东汉和西汉，其性质与东周、西周截然不同。西周和东周，是无可争议的一家人，世系完整清晰，只是把家从西边搬到了东边而已。东汉和西汉，则没多大关系，是两个不同的朝代。唯一能扯上点边的，就是两家的皇帝都姓刘。

有一个唐姬误会的故事，用以说明光武帝刘秀是汉景帝的后裔。不管你们信不信，反正我不信。怎么那么巧，刘备也说自己是汉中山靖王之后。碰巧我也姓刘，那是不是汉某帝某王的第某代呢？可惜据我所知，我爷爷，我爷爷的爷爷都只是种地的。

所以，这一讲里的"四百年"有点问题。编《三字经》的是儒生，讲《三字经》的也是儒生，他们当然对儒家确立崇高地位的汉朝心存感情，不肯接受大汉朝被王莽篡断的事实。按这个充满感情色彩的误会，高祖兴是"四百年"汉业的起点，汉献帝禅位给曹丕是汉朝的终点，刘秀在王莽篡位十六年后再次一统中国被称为"光武中兴"。

事实上，西汉的国祚有二百一十一年，东汉的历史则是一百九十五年。两个汉分开，不如唐宋，也不如明清。

而东汉开国的光武帝，却未见得不如唐宗宋祖和朱元璋、努尔哈赤。

王莽篡位时，刘秀还只是一个十五岁的少年，父亲早逝，家境一般，勉强算是一个小地主。当天下好汉纷纷起义，争当下一个刘邦的时候，刘秀只是安安静静地种地、读书，一直等到"天变已成"，才开始招兵买马，加入逐鹿的行列。

当时逐鹿的主力部队有两支，一支以湖北的绿林山为根据地，称为绿林军；一支则把眉毛都涂成了红色，称为赤眉军。南绿林，北赤眉，这是两条大河，各地的小股义军，逐渐汇流其中。刘秀加入的，是绿林军，他们所捧出来的精神象征，是另一个姓刘的没落贵族刘玄，号称更始皇帝。

王莽给这位新皇帝送来的大礼，据说是有史以来军容最为壮观的部队，足足有四十二万之众。绿林军的主力被团团围在昆阳城中，打不过，跑不脱。生死存亡之际，一向默默无闻的刘秀突然调高了自己的能量值，他带了十三个兵杀出重围，搬来一万多救兵，然后在交战双方目瞪口呆之下，一马当先，率领三千敢死队在敌人阵中纵横冲杀，七进七出，七出七进，直杀得敌人怀疑人生，溃不成军。

刘秀一战成名之后，便与更始帝刘玄翻脸，在河北发展壮大，登基称帝。

光武帝刘秀能打，也有韬略，比他名义上的祖先刘邦强多了。但他作为一个有产者，对国家的理解和设计却远远比不上无产者刘邦。

刘秀为人柔多于刚，原则性不强。和他一起创业的兄弟们大多得以善终，这很难得；拉老同学严子陵在龙床上同榻而眠，严子陵做梦踹他一脚也不生气，这也很难得；但姐姐湖阳公主包庇犯法的家奴，他反而把严格执法的洛阳令董宣拉来打板子，这就不像是明主所为了。董宣宁死不屈，赢得了强项令的美名，而东汉一朝的法纪松弛也可见一斑。其恶果之一是，地主豪强无法无天，大肆兼并土地，流离失所的农民因此沦为农奴。绵延数百年的门阀氏族由此而生，黄巾军、五斗米道也因此多了百万信众。

刘秀为了节省地方与中央往来沟通的差旅费，下旨让各地的地方官不必到中央来汇报工作，直接导致了汉末军阀割据的局面。

刘秀能打仗，却不爱打仗，主动降低了边防的强度，使西汉武帝以来对匈奴的军事优势毁于一旦。南匈奴要求入境定居，也得到了批准。西晋后期的五胡乱华，南北朝的长期分裂，都与光武帝的怀柔政策直接相关。

刘秀年轻时发过两个誓：做官要做执金吾，娶妻当娶阴丽华。第一个超额实现，第二个也美梦成真。宠老婆、怕老婆是男人的美德，但有此美德的皇帝却往往会酿成大祸。东汉的政治，唱主角儿的不是皇帝，而是外戚。这笔账，也得算一大半在光武帝的头上。

刘秀的儿子汉明帝和孙子汉章帝都不错，以儒术治国，在光武中兴之后延续了一个明章之治，东汉立国的前六十四年还算是国泰民安。和帝之后，殇帝、冲帝、质帝等，短命的皇帝一串儿。他们为什么长不大呢？因为外戚在此时已经找到了感觉，形成了势力，开始越俎代庖，替女婿或是外孙执掌政权，虽然人家不一定同意。

年幼的小皇帝们唯一能依靠的，就是身边的宦官。外戚和宦官的拉锯战持续了一百多年，导致国家破败，民不聊生。

外戚太监图

献帝之前的汉灵帝，是个经济天才，他把国家的大小官职作为产品，明码标价，和宫女太监们也大玩儿买卖的游戏。太学生和正义的官员们对于糊涂的皇帝、凶狠的外戚、阴毒的宦官有所议论，便招来了党锢之祸。党人，是指敢于说实话批评当局的人；锢，是指剥夺政治权利。

老百姓们也觉得这样的政府不能给他们以安全感，纷纷去信任头裹黄巾的太平道和只收五斗米便能驱邪治病的五斗米道。

太平道和五斗米道名字不同，用来唬人的装扮架势也不同，但所讲的"道"差不多，就是人人平等。或者翻译成一句稍带点情绪的话就是：凭什么？他们所施的"法"也差不多，就是用符咒给一碗最容易获得的清水以包治百病的魔力。其实更多的是起到了心理治疗师的作用。历朝历代，医疗和教育都是头等重要的两件大事。看不起病活不下去便要造反，而不重视教育，则要付出百倍千倍的代价去建造监狱等暴力专政设施。

黄巾的力量蔓延全国，终于演变成暴力革命。外戚何氏家族不以为这是多严重的国事，反而认为这是个火并宦官的良机。为了增加胜算，他们引来了外援董卓。结果是，外戚和宦官同归于尽，如狼似虎的军阀们展开了角逐。

汉献帝在这样的风雨飘摇中穿上了龙袍，先后成为董卓、王允、曹操的傀儡，直到被曹丕威逼禅位。三国的好戏，他算是观众席中的VIP（贵宾）吧。

为什么魏蜀吴三国相争最后的赢家却是司马氏的晋?

魏蜀吴,争汉鼎。号三国,迄两晋。

三国是一段英雄辈出的大历史,可以分两个阶段:第一阶段三十年,叫作合久必分;第二阶段六十年,叫作分久必合。

拉开三国大幕的,是一个遗臭万年的人物董卓。此人武将出身,性情残暴,经常把人活煮了吃。但也有些小的权谋,懂得在吃了败仗之后上下周旋,从而屡有升迁。东汉末年,王气渐收,一片乱象之中,各路英雄豪杰已经如春笋破泥,呈现出勃勃的生机。以董卓的能力和实力,根本不够格登上舞台。他之所以能成为主角之一,完全是因为何太后的哥哥,大将军何进脑子发昏,搬他来吓唬妹妹,以促使她下决心铲除宦官集团。

董卓进京之时,何进已被宦官杀死,朝内一片大乱。他居然能够稳住形势,并且废掉少帝,另立陈留王,从而把持了朝政。但他的倒行逆施激起了不小的反对,于是决定迁都。临行前,他干了一件大大的坏事,一把火烧掉了古都洛阳。文化典籍的损失超过了秦始皇焚书之时,也超过了项羽破坏秦宫之时。

有十八路诸侯组成联盟讨伐董卓,可惜所选的盟主是一个不思进取的袁绍,每天只知花天酒地。真正想打也动手去打的,只有两位,光杆儿一个的曹操和长沙太守孙坚。孙坚打到的战利品，是传国玉玺和江南的富庶之地。曹操打到的战利品，是挟天子令诸侯的资格、丞相的官职、魏王的爵位，以及长江以北的大半个中国。

魏蜀吴中的魏，指的是曹操的儿子曹丕在其父成就的基础上创建的魏国。曹丕登基，形式上接受了汉献帝的禅让。从正统历史观来看，魏是"争汉鼎"这个游戏的胜利者。

魏王曹操，现在的名声不太好，原因主要有这么几条：一是他的出身与臭名昭著的宦官集团有关；二是大家对于汉朝感情较深，对于曹家最终取而代之耿耿于怀；三是他在打徐州的时候屠了城。

其实，他本人倒未必真有那么坏。没有曹操，汉朝可能早就亡了，而他本人在世的时候，虽则有无数的机会可以代汉为帝（他比曹丕更有资格），但始终没有付诸行动。徐州屠城，手段虽然毒辣，但原因不明。战乱时代，为了自保或是出于战略意图，有时会出现屠城的事。

曹操除了打仗，诗文也很好，从中流露出的一贯思想，是对人才的渴望、对国家的担忧、对百姓的同情。

曹操的文学成就来自天赋，他所下功夫学的，是法家与兵法。二十岁初出仕，负责首都洛阳的治安，就用五色大棒击杀了违法的大太监蹇硕的老爹。受邀赴兖州平定黄巾之乱，活用兵法，收降众多，这就是他一生征战的家底，青州兵。

打徐州、破吕布、迎献帝之后，曹操迎来了他一生中最重要的一战，也是整个三国时期具有决定意义的一战：官渡之战。

这是历史上以少胜多的典型战例，交战的一方，是四世三公根正苗红兵强马壮的公子哥儿袁绍；另一方，则是独立创业满怀抱负的青年才子曹操。袁军的规模，大约十倍于曹军，结果却是曹操完胜，袁绍又羞又气，吐血而亡。

魏蜀吴中的蜀，开创者是刘备，此时刚与曹操反目成仇。曹操一向求贤若渴，攻打徐州时在下邳久攻不果，后来得知是刘备在守城，便心生结交之意。先帮着刘备打掉仇人吕布，又把他带回许昌面圣，让他做豫州牧。可惜刘备素有大志，不肯屈居人下。曹操约他青梅煮酒，畅论天下英雄，一句"天下英雄，唯使君与操耳"，吓得刘皇叔掉了筷子，露了心思，只好借机溜走。

刘备的皇叔身份很可疑，但他身上确实有些英雄气质。否则一个编席子卖草鞋的破落户，不会有关羽、张飞这样高水准的朋友，也不会有来来往往的马贩子对他进行资助。英雄气质具体的表现有哪些呢？聪明，好马坏马他一眼就看得出来；大方，有了钱便和各路朋友共享；义气，对于帮助别人的事不打折扣；有志向，总能给身边的朋友以积极向上的正能量。他系统地学过儒家的理论，老师是大名鼎鼎的卢植。与此相关的是，魏、吴两国，第一代之后的家族内斗都很惨烈，唯有蜀汉直到亡国都是一团和气。

刘备这样的英雄，赶上了创业的风口，当然要加足马力。所以他看不上县尉这样的小官，鞭打了督邮之后（不是张飞干的）便和二位好朋友四处寻求发展。曹操想把他收入帐中自然也不可得。

离开了曹操，又偷得了曹操视为囊中之物的徐州，刘备便和曹操成了死对头。官渡之战后，曹操休整一番，就要和他来比个高低。于落败之际，刘备到荆州投靠本家刘表。在这里，他浪费了几年的光阴，也在卧龙岗上收获了诸葛亮，有了三分天下的大战略。

三国的下一场大戏赤壁之战即将上演，对垒的一方是曹操，另一方则是刘备和孙权的联军。

孙权是孙坚的儿子，孙策的弟弟。父子三人都是了不起的大英雄，尤其是孙策，在父亲不幸身亡之后，几乎是赤手空拳打下了吴国的基业。孙权在不到弱冠之年的时候从哥哥手中接过未竟的事业，成就也不逊于乃父乃兄。

曹操大军压境，虽然目标只是江对岸的荆州和刘备，但唇亡齿寒的道理孙权自然明白，所以欣然接受刘备联合抗曹的提议。在乌林（不是现在的赤壁），孙刘联军对曹操的连环阵施以火攻，大获全胜。自此，曹操不再有南征的力量，孙权也不再有边患的担心，刘备则终于有了一块自己的根据地，足以支撑他西进蜀地，增强自己的实力。三足鼎立之势终于形成。

赤壁之战图

打破平衡的，是孙刘联盟自己。刘备进行了太多的单独行动，使孙权不免有所担心，于是私自和曹操沟通消息，对正在前线作战的关羽下了黑手。愤怒的刘备调转枪口，向孙权寻仇，结果大败，或者说两败俱伤。等到吴蜀双方清醒过来，再次结盟，形势却已经对他们不利。

魏这一方，曹操去世，儿子曹丕代汉称帝，一贯善于伪装的阴谋家司马懿逐渐掌握了核心权力。对于强国，内部有矛盾，一般会在外部显现出来。司马懿重新将统一战争作为主要矛盾，他的儿子司马师、司马昭也很好地执行了这一战略。实力最弱的蜀国最先被灭，十七年后，吴国灭亡，三国结束。魏蜀吴三家都没有赢得"争汉鼎"的游戏，最后的结果是司马懿的孙子司马炎创立了统一的晋国。

第三十三讲 为什么魏蜀吴三国相争最后的赢家却是司马氏的晋？

司马懿算是曹操人才战略的一块疥疮。曹操在赤壁之战前夕写下的《短歌行》充分表达了他希望天下人才都为己所用的热切之情，每次打仗，对于名将名士，都是先以诚心劝降。对于地方的隐士高人，也无一遗漏地恭请出山。司马懿的为人，和王莽有些相似，善于伪装，或者说是包装。曹操访得他的大名，一请未果，司马懿装病。二请时曹操对前往的人说，要是还装，就抓起来。果然，司马懿健康活泼地出现了。

曹操阅人无数，很快发现这位司马先生有狼顾之相，不但虚伪，而且有野心。然而，司马懿的表演才能远远超出曹操的判断，而他也确实有些小才能。所以，曹操一直没有抓到他的把柄，曹丕却渐渐沦为他的粉丝。

曹操死掉，曹丕称帝之后，司马懿便不再客气，替曹家来当魏国的家。他的儿子司马师和司马昭，跋扈之势更甚于乃父。这真是世道轮回啊，曹家怎么给刘家受窝囊气，司马家就怎么给曹家吃窝心脚。有一句成语叫司马昭之心路人皆知，说的就是这一段故事。

把司马昭心里所想的事做成的，是他的儿子司马炎，西晋的开国皇帝。

两晋，是西晋和东晋。历史上分为两截的王朝，东周西周是连续的，东汉西汉完全没关系，南宋北宋和东晋西晋相似，虽然是一家，但并没有正式的帝位交接，世系有瑕疵。

西晋只有短短五十一年，晋武帝司马炎占了一半，另一半是家族内斗。升级为八王之乱后，战乱整整十六年，直接导致了亡国。

琅琊王司马睿在江南匆匆登基，将晋的国祚又延续了一百零三年。

东西两晋，实行恐怖的特务统治，读书人为避祸，便只能清谈，无形之中催生了小说、诗歌、文艺评论的繁荣，总算不至于只给历史留下一声叹息。

为什么南朝多昏君？

宋齐继，梁陈承。为南朝，都金陵。

继、承两个字用得好，斩钉截铁地肯定了南朝的正统地位。

南朝有四个朝代，依序为宋、齐、梁、陈。这个宋为了区别于后来的南宋北宋，借了开创者刘裕的姓，被称为刘宋。

东晋是门阀氏族的天下，不是英雄的时代。刘裕在不多的英雄之中，可以名列前茅。他以一介平民的身份参军，有勇有谋而且善断，从最小的士兵一路升迁，直至成为讨伐孙恩、桓玄的主力。他灭掉西蜀，扫荡了各方割据势力，使南方重新统一；五胡十六国中的南燕和后秦，也被他灭掉；久不见王师的故都洛阳、长安，被他一一收复。

如此赫赫的功劳，他不篡位，也会被认为有谋逆之心。索性，刘裕登基称帝，将东晋已经病入膏肓的政治推倒重来。门阀氏族的势力得到了抑制，寒门也可以走出贵子了。

刘裕的勤政、节俭很有名，他还有一个优点，肯听别人的劝谏。这几点，为江左的老百姓带来了一段好日子，也为他自己带来了南朝第一帝的美名。其实何止是南朝，历代帝王中，能同时具备这几个优点的人都是凤毛麟角。倘若他能够长寿一些，或许南北朝的乱世能提前一百年结束，中国历史上也会多一位伟大的帝王。

可惜，在他的儿子宋文帝之后，家族的内斗毁掉了这个起步相当不错的王朝。刘宋只有五十九年的历史。

南齐的开国皇帝萧道成，出身将门，书也读得很好，如果在太平盛世，一定是一个忠臣良将。可惜，刘宋末期，手足相残，昏君无道，叛乱此起彼伏。萧道成在屡次平叛之后，逐渐接近权力中央。最终促使他动手的，是恐惧和失望。

刘宋王室的互相残杀令人瞠目，而再放眼那一时期的其他王朝，嗜杀也是一个普遍的现象。所以，与其从道德层面去批判某一个人或是某一个家族，不如去思考一下，分裂与动荡的社会环境对人心理的冲击。

萧道成战功卓著，威名赫赫，处在食物链的顶端，而居然也能感受到生命如草芥一般，真是体现了那个时代的荒唐。后废帝时期，他担任中领军一职，一天中午，他正袒腹休息，废帝带着随从游玩至此，排闼而入，看到萧道成圆鼓鼓的大肚皮，突然来了兴致，叫左右在萧道成的肚皮上画了几个圆圈当作靶子，自己张弓搭箭就要射。萧道成躬身施礼说，老臣无罪。这一句不卑不亢，可废帝只懂得三个字，莫须有。随从之一拍了一个马屁，救了萧道成一命。他说，领军的肚皮好玩儿，陛下一箭射死了就没得玩儿了，不如用去了箭头的骨箭，要不了命，能反复地玩儿。废帝听了拍手叫好，萧道成肚皮上虽然多了几个白点儿，却捡回来一条性命。事后不久，他便托人砍掉了废帝的头，自己当了皇帝，改国号为齐。

齐高帝萧道成可能是历史上最节俭的帝王。他自幼饱读儒家诗书，很懂得吾日三省吾身的道理。两晋和刘宋的前车之鉴也给他提供了很好的执政参考。他提倡节俭，以身作则，又一再告诫太子萧赜善待同宗兄弟，不要重蹈刘宋覆辙。对于氏族豪强，也做了不小的约束。看上去很美，而结果，萧齐是南朝最短命的王朝，仅仅二十三年便易手他人。是什么原因呢？很值得我们深思。

齐武帝萧赜也是个好皇帝，把他父亲的国策基本保持下来。他的败笔在于，在皇位继承人的选择上没有展现出乱世雄主的气魄。他所看重的太子早亡，竟然移情于恶名昭著的皇太孙。这一昏招儿葬送了之前十几年的努力，王室杀戮再现，奢靡之风也强烈反弹。到了末代皇帝东昏侯萧宝卷，竟然因为宠妃潘氏的脚生得好看，便命工匠用金箔在地上打造荷花，潘妃赤足行走其上，号称步步生莲（中国古代妇女缠足，据考证始于北宋。我于此课题未曾用功，但凭多年的学术敏感，隐约觉得这位潘妃极可能是缠足的祖奶奶）。

动荡的时代，君主好杀的一个重要原因是迫害妄想症，总担心距离皇位一定半径之内的功臣贵胄们重演历史，僭位夺国。因为怀疑或担心而胡乱杀人，多多少少有点神经病的嫌疑。中国历史上的几次乱世，战国、南北朝、五代十国，总是连绵不断，一代代地重演，就是因为这样的神经病像疟疾一样地传染。

东昏侯的妄杀，使他父亲的盟友，此时坐镇雍州的萧衍感到不安。你不是总担心历史重演吗？那我就证明给你看，历史毕竟还是由人来书写的，而你，就是那个书写历史的人。没有你的苦苦相逼，我又何苦冒天下之大不韪！

萧衍以武力推翻了东昏侯，然后例行公事般地立一个傀儡，再接受人家并不情愿的禅位，改国号为梁。

萧梁立国有五十五年，仅次于刘宋。从数字上看，梁朝的政治还不错，事实上，萧衍把南朝最好的一盘棋下出了最糟糕的结局。

萧衍在位四十八年，不但在整个南朝是第一，在历朝历代的开国之君里也罕有人能及。如果刘裕和萧道成能有这样的长寿，那南北朝的历史将完全是另一个模样。不过，开国之君在位时间短是王朝的不幸，强力君王在位时间太长也是王朝的灾难。因为，造神是一个必然，倦政是另一个必然。

萧衍即位初期，延续了刘裕、萧道成节俭和善于听取意见的优点。政局稳定，国力增强，连彪悍的北魏此时也不敢南望。萧衍更有优于刘裕、萧道成的地方，那就是文化建设。萧衍是所有开国帝王中文化水平最高的一个，登基前位列以文章闻名的"竟陵八友"之中。在他的号召下，文明之风重回江南。《昭明文选》、《文心雕龙》、《诗品》、"永明体"诗歌，一部文学批评史，梁占据了半壁江山。考虑到这是在短短五十五年间取得的成就，梁在中国文化中的平均贡献，远超唐宋明清。

可惜，梁武帝萧衍莫名其妙变成了一个狂热的佛教信徒。是非，被模糊了；善恶，被交给了来世。当前的政治呢？接受吧，因果轮回而已。当他以大爱之心接纳反复无常的小人侯景的时候，应该不会想到，这个小人会将他软禁饿死在皇城之中，会将整个王朝重新打回到战乱破败的原形。

梁末的乱世，力挽狂澜的人是陈霸先。自然，他也是梁朝的掘墓人，他创立了南朝的最后一个王朝陈。

陈霸先出身寒门，是一名纯粹的武将，但是陈的政治状况却是整个南朝最好的。当然，那个一心贪玩儿的奇葩陈后主除外。

一路征战，竟然打出一个最清明的朝代，然而这个朝代，竟然在短短三十二年后就亡于北朝。这不是偶然，而是矛盾发展的必然。打来打去一百六十九年，人心思定，这是一个强大的内因；此消彼长之后，北周的力量已超出南朝太多，统一之势已经形成，这是无可奈何的外因。

"南朝四百八十寺，多少楼台烟雨中。"无论多么繁华的或是激荡的历史都将成为唏嘘凭吊的对象。宋齐梁陈的故事，都凝结在一座城中。金陵，就是今天的南京。三国时叫建业，是东吴、东晋、宋、齐、梁、陈六朝的都城。

江南寺庙图

北朝是成也汉化败也汉化吗？

北元魏，分东西。宇文周，与高齐。

《三字经》的这几句，漏了一大段历史。在北魏之前，还有一百三十多年的五胡十六国时期。

五胡，是匈奴、鲜卑、羯、氐、羌。西晋八王之乱后，这五个民族在长江以北建立了一批小政权，事实上远不止十六个，也有汉人的割据政权包括在内。第一次统一北方的，是氐族的前秦。他们崛起的秘诀之一，是接受了汉化。前秦的君主苻坚最得力的助手，是汉人王猛。苻坚在王猛去世之后，执意南侵东晋，结果大败。东山再起的谢安遥控指挥了这一场以少胜多的淝水之战。苻坚狼狈撤退之时，留下了风声鹤唳、草木皆兵两个典故。

前秦内部的很多矛盾，也因此集中爆发，统一局面再次被打破。之后的五十年，跃马中原的是鲜卑的拓跋部。他们崛起的秘诀之一，也是接受汉化。他们自称是黄帝的苗裔，定国号为魏，也有上接曹魏，否定司马氏，延续正统的意味。整个南北朝时期，北魏的国祚最长，有一百四十八年，即使从其统一北方之时算起，也有一百年。

北魏的汉化在魏孝文帝时达到极致，他力排众议，将国都由北方的平城迁到中原腹地的古都洛阳，以诏令的形式推行汉制、汉服、汉礼。皇族的拓跋氏改为汉姓元，北魏也因此被后世称为元魏。

北魏在学习汉族先进文化的同时，也学到了汉族习惯内斗的恶习。几位太后先后有意于政权，两汉和西晋式的政争悲剧也随之重演。原本设在北方抵御外敌的六个军事重镇失去了控制，便成了动乱的根源。

在镇压六镇起义的过程中，盘踞晋阳、久有野心的军阀尔朱荣洞悉了北魏政权的外强中干，认为时机已到，可以有所作为了。他一方面蓄养骏马，一方面网罗人才，此后数十年搅动南北双方的风云人物高欢、侯景、宇文泰，此时齐聚于尔朱荣麾下。

北魏的胡灵太后为跟自己的皇帝儿子争权，竟然下了毒手。高欢对尔朱荣说，这是个好机会啊！于是尔朱荣以清君侧、为皇帝报仇为出兵的理由，一举攻下京师洛阳。按照过去许多权臣演过的剧本，尔朱荣完全可以先借自己扶立的新皇帝之口，给自己封一个大大的官，然后御赐九锡，剑履上殿，赞拜不名。再然后，接受傀儡皇帝的禅位，登基称帝，开创新朝。然而，尔朱荣虽然实力不俗，却没见过什么世面，手握一把好牌，竟然没有自信，急于通过一种极端的手段来让天下人知道还有他尔朱荣这一号人物。他给文武百官发了一个会议通知，说皇帝要在河阴祭天，大臣们一律参加，不许请假。待大家聚齐之后，尔朱荣立于高处，大声训斥群臣，山河破败，朝政废乱，都是因为你们无能！然后大开杀戒，当场死于非命的大臣有两千人左右。

这一场很莫名其妙的杀戮让尔朱荣背上了千古恶名，也给他带来了杀身之祸。两年后，他所扶立的孝庄帝在皇宫内设下埋伏，将他乱刀砍死。

尔朱氏的作乱并未结束。尔朱荣的侄子尔朱兆兴兵报仇，再次攻陷洛阳城。这一次，给了同样有野心的高欢以可乘之机。高欢利用朝野上下对尔朱氏倒行逆施的痛恨，一击再击，灭掉了尔朱氏，扶立孝武帝，以自己的女儿为皇后，顺便将北魏大权揽入怀中。

孝武帝此时已成年，却并没有匹配相应的智力。他根基不稳，寸功未立，就急于对高欢翻脸。等到两军真的对垒，才蓦然意识到自己根本不是高欢的对手，于是丢下十万大军，仓皇逃到长安，投奔雄踞关中、尔朱荣的另一股肱之臣宇文泰。尽管，约战高欢之前，已经有谋士对他说过，宇文泰也不是什么省油的灯。

宇文泰在尔朱荣的军中只是一个二级军官，地位并不如高欢与侯景，却一路总有好运伴随。先是长官战死，白捡了不少人马和地盘，接着又天上掉下个皇帝来，供他挟着来发号施令。而宇文泰也正是那种随时准备抓住机会的人，完全有实力来消化这些意外的福分。

很快，宇文泰杀掉孝武帝，另抓一个宗室子弟来做傀儡皇帝，史称西魏。高欢针锋相对，也抓了一个宗室子弟来站台，史称东魏。

高欢多谋善战，是个帅才；宇文泰虑事更周密，眼光更长远，有帝王之才。二人的秉性体现在国势上，东魏先是占尽优势，之后双方势均力敌，到了后期，西魏就全面胜出了。

遗憾的是，高欢和宇文泰两位英雄都未能称帝。高欢的儿子高洋结束了东魏，建立了北齐；宇文泰的儿子宇文觉为西魏画上了句号，建立了北周。北齐与北周的历史都不长，原因都是皇族内斗。不同的是，北齐的皇帝都很荒唐，北周尽管有宇文泰遗命托孤的宇文护专权，但皇帝都还不错。建国二十年之后，北周灭掉北齐，重新统一北方。而此时的南朝，陈家龟缩一隅，不思进取，分久必合的转折点再次来临。

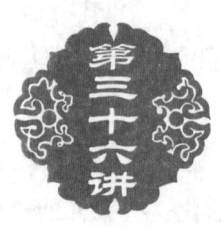

隋朝的功绩为何被严重低估？

迨至隋，一土宇。不再传，失统绪。

迨，是到的意思。从西晋八王之乱开始，分裂和战乱已经有三百年之久。到了隋朝，终于又"一土宇"，再次成为一个统一的国家。土和宇，指的都是地理意义上的国。

隋的前身，是北周。北周有宇文泰打下的很好的基础，灭掉北齐后本来可以再进一步，但不幸的是，唯一的一个糊涂皇帝在此时继位，而崇尚实用主义善于一招制敌的权臣杨坚，也没有浪费这不可再得的机会。

杨坚可以说是中国历史上法家治国的第一人。在他之前，法家的实用派已经有商鞅、李斯等先行者；在他之后，更是有王安石、张居正等所谓的改革家。但是，将法、术、势三个元素圆融贯通的只有杨坚一人。前面的古人和后面的来者，不是权力受限，就是操之过急，所行之法，大多结局惨淡。

杨坚是官二代，父亲杨忠是跟随宇文泰起义的功臣，受封随国公。父亲去世后，杨坚承袭了爵位。这就是杨坚的势。用现在的话来翻译，就是平台好、起点高。人有异志，必有异相。北周的武帝也有些见识，对杨坚很是担心。在和平时期，首长发现你是个人才，这是个好消息，值得庆贺；在帝制时代，还是战乱不休的年代，皇帝对你的才能表示忌惮，那就像是一把大刀悬在你的头上，随时有可能掉下来，把你劈成两段。

历史上，遭遇这种情况的人一般会采取三种方法。第一种，索性反了。第二种，处处小心，逮着机会就哭。第三种，装疯卖傻，贪污腐败，让大家都以为自己是个没用的混蛋。杨坚会用哪一种呢？哪种都没用，他不慌不忙地和武帝身边的宠臣们套了套近乎，就在一次次的君臣对话中逐渐化险为夷。而且，杨坚还成功地把自己的女儿送进宫去，做了武帝的儿媳妇。

宣帝继承了皇位，也继续了对杨坚的怀疑。他对自己的杨皇后说：我迟早要杀了你爹。结果呢？杨坚成功觅得了外放亳州总管的机会，远离了危险，手握了重兵，还遥控着中央。

等到七岁的静帝登基，杨坚迅速使出组合拳的杀招。第一步，回京做丞相；第二步，矫诏杀掉五位宗室的王爷；第三步，以平叛为名，出兵灭掉最大的政敌尉迟迥；第四步，逼迫周静帝让位，登基称帝，改国号为隋；第五步，屠杀北周皇室，以绝后患。

隋朝只有短短三十七年，却很值得大说特说。

开皇之治是法家治世的典范，隋文帝杨坚却并没有因此而得到美誉。事实上，他可能是中国历史上最会治国的皇帝，只不过因为他有一个很不像话的儿子，使隋朝没能再传，仅仅三十七年便亡了国，所以受了牵连，不免让后人怀疑是不是他自己出了什么问题。

隋文帝杨坚的功绩，至少能数出六条。

第一条，灭陈，完成统一。

第二条，首创科举制。两汉的察举征辟制度和魏晋的九品中正制带来的阶层板结被打开，人才得以源源不断地进入国家机器。这一创举经隋炀帝杨广完善之后，造福至今。

第三条，重修法律。杨坚把前代冗繁的法律加以删削，去掉苛法、恶法，编成了一部实用性极强的《开皇律》，也为后代法家所宗。

第四条，改善民生。隋初实行均田制，大量农民因此有了土地，同时减免税赋，百姓生活因此得以改善。文帝杨坚下诏，在全国建了不少国家粮仓，起到战略储备职能的同时，也使粮价得到平抑，百姓自然从中受益。唐太宗贞观十一年，有官员抱怨说，隋朝有的粮仓，到现在还没吃完呢。那时，隋文帝杨坚已经去世二十多年了。二十世纪的考古工作者所发现的隋朝粮仓遗址，居然还有大量已经炭化的谷物，隋朝的富庶可见一斑。

第五条，革新管理。隋之前，国家的行政管理有三公九卿制和周礼六官两大系统。地方与中央之间，则经历了封建制到郡县制的进化。隋初，文帝杨坚创立五省六曹制，除去管理宫内事务的内侍省和只管历法的秘书省，实际上就是唐代及以后大量应用的三省六部制。东汉以来，地方行政体系分为州、郡、县三级。隋文帝认为，不必如此繁琐，州县二级即可。提高行政效率的同时，也节省了不少的冗官和杂费。州县地方大员不再有就近选用官吏的权力，官员都由中央选拔任用并考核，规定有一定的任期。此举令官员素质提高，行政效率也随之提高，也杜绝了地方官成长为割据军阀的可能。

第六条，外交上的突破。从夏商周开始，周边游牧民族的袭扰一直是令中原政权很头疼的问题。本以为五胡乱华已经到了极点，可那时谁能想到元、清两代，我们会骑马、爱吃肉的兄弟们会将整个中国都变成牧马之地呢？两千年来，隋朝是唯一在处理周边关系中纯粹用外交手段扬眉吐气的朝代。当时的边患是突厥，北齐北周为了争取突厥的军事支持，都卑辞厚币，屈身以事。隋文帝登基之后，即刻停掉了给突厥的进贡，对之冷眼旁观。待发现突厥内部不和，随即施展外交手段，使突厥各部反而纷纷掉头来讨好隋朝。对这些请求，隋文帝分别对待，有的恩准，有的拒绝，进一步扩大突厥内部的裂痕，终于使之分裂为东突厥和西突厥。东突厥的启民可汗一直效忠于隋朝，作为西突厥的监视者和牵制者。隋亡之后，突厥企图扭转被动，但毕竟实力大不如前，经唐太宗、唐高宗、唐玄宗几朝一再打击，基本亡国。

隋朝的遗憾之处正和大多数帝制王朝一样，在强力君王之后的权力交接环节出了问题。太子杨勇的弟弟杨广不肯接受命运的安排，只做一个悠哉游哉的亲王。于是颇用了一些阴谋手段，逼死了太子哥哥，又令文帝恰到好处地驾崩，终于如愿以偿，成为九五之尊。

评价一个皇帝，人品只是参考因素。臭名昭著的隋炀帝杨广的才能和手段其实都不坏，我们很应该给他一个客观一点的评价。

隋炀帝杨广做了三件大事。第一件是完善科举制，这一功绩不应该被埋没。第二件是开凿大运河，毁誉参半。反对者认为劳民伤财，而且增加了剥削，只为了他个人的享乐。那么，秦始皇修长城也劳民伤财，我们现在为什么还要引以为豪？历代的大型公共工程，哪一个不是倾全国之力？大运河的开通，以七分之一的成本增加了七倍的运力，南北物资得以交流，经济上的贡献实在巨大。而隋炀帝的本意，或许更看重大运河的军事意义。南北分裂三百年，各种不适应随时有可能演化为军事冲突，北方的古都洛阳和南方的重镇镇江之间，有了这么一条水上快速通道，对于大一统的维护，贡献也是巨大的。

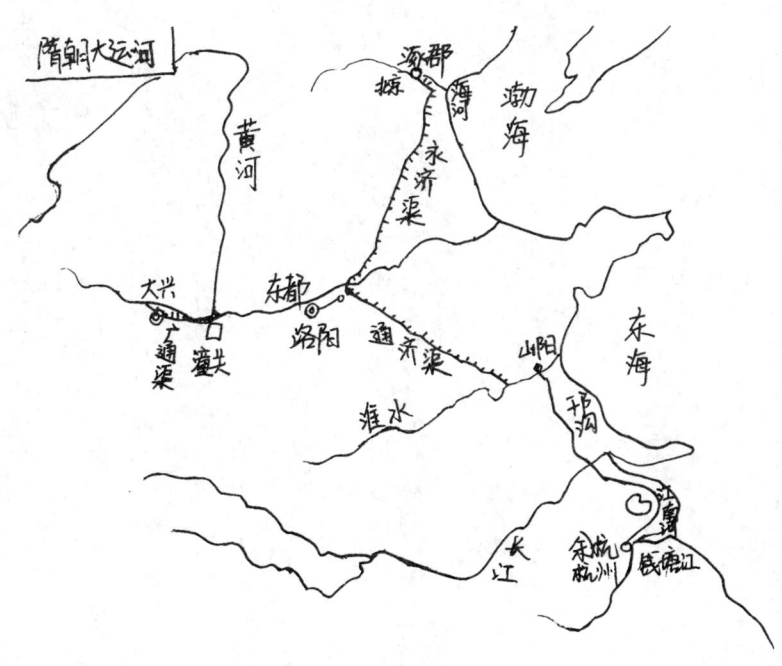

隋朝运河图

对于第三件大事，则是一边倒的批评之声。是什么事呢？征高丽。这一件，实在有点任性。对外战争，无论哪一朝哪一代，都需要慎之又慎。高丽这个国家，虽然首鼠两端，但并无西侵中原之举。震慑、感化即可，实在没必要去跟他死磕。但隋炀帝仅仅为了面子，竟然一打再打，终于伤及国本，动摇民心，给了诸位有理想的豪强以可乘之机。

隋亡于征高丽，这个论断是极有道理的。

隋炀帝之所以急着找人打架，很大的可能性是树立权威，转移大家对于他帝位来路不正的注意力。历史上这样的例子并不少见。

统、绪，都是绞丝旁，统的意思是将一把丝线薅住，绪就是薅住之后所露出的一把线头。"失统绪"，是说隋末各种起义风起云涌，隋炀帝大势已去，无力再把皇位一代代传下去，形成世系，正像是失去了对一把丝线的控制，原本整整齐齐的绪一下子在风中凌乱了。

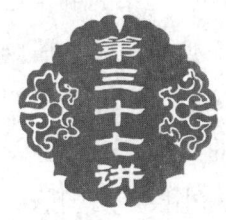

唐朝为什么会盛极而衰？

唐高祖，起义师。除隋乱，创国基。
二十传，三百载。梁灭之，国乃改。

义师，是解救人民于水火的正义之师。这一支义师革命的对象，是造成山河破碎、生灵涂炭乱象的隋朝政府。

唐高祖所起的师，真是正义的代表吗？未必。隋炀帝时期的中国，真的处于不可逆转的乱吗？也未必。李渊是杨广的臣子，还是杨广的表哥，起兵造反肯定是不伦之举。要想摆脱这顶大帽子，就必须对革命的对象进行全面的否定。历史都是由胜利者来书写的，于是夏桀、商纣、秦二世、隋炀帝等，都铁定是十恶不赦的大混蛋，而且没有辩驳的机会。

即使他们真的如史书所载，坏到了必须要被革掉性命的高度，谁又能保证下一代下下一代不会出现拨乱反正的明君？谁又能保证高举义师大旗的新朝开创者，代代都有为人民服务的崇高境界？问题压根儿就不是出在某个人身上，而是世袭制度本身就先天不足。不解决这个主要矛盾，所谓的革命便只是起义者个人私利的借口。对百姓而言，改良则更好于改革。

回到本题。隋炀帝杨广连续上马开运河与征高丽的大型国家工程，确实动摇了国本，激起了民怨。各路起义军抱着各种目的此起彼伏，各地的百姓抱着明天会更好的愿望在战乱中煎熬。唐高祖李渊世代贵胄，又掌握太原重镇，起点极高，所以能在起义的群雄之中后发先至，四个月便攻占了隋朝的首都长安，立了一个傀儡皇帝，遥尊隋炀帝为太上皇，在政治上取得了正统的地位。六个月之后，困守扬州的隋炀帝被叛将杀死，李渊便顺理成章地接受了傀儡皇帝的禅位，正式登基，改国号为唐。

汉唐盛世，盛的都只是一小段。唐朝的历史，将近三百年，后人在总结时，有的分两期，有的分三期，有的分为初盛中晚四个时期。我比较认同的，是文学史界常用的初盛中晚的分法。

初唐很短，就是从李渊登基到贞观之治达成之前，大约二十年的时间。初唐的主题，是打。先是唐高祖的三个儿子和各个地方政权打，然后是唐高祖的三个儿子组成两队互相打。第一波打遍全国，一路凯歌高奏；第二波皇城暗战，却打得惊心动魄。

最终，以一敌二的秦王李世民发动玄武门之变，杀掉一母同胞的哥哥和弟弟，成为胜利者。对这场手足相残负有直接责任的唐高祖无奈之下让位，一代明君唐太宗就此登场。盛唐也就此拉开序幕。

历来对于唐太宗的评价有些虚高。他的才能诚然超绝，但远算不上完人。他赖以成名的从谏如流，并非出于美好的品德和高尚的人格，而完全是自己的理智和自己的人性打架的结果。唐太宗以不爱听别人意见的表叔杨广为教训，以良臣魏征为镜鉴，强压着怒火接受了一条又一条的谏诤。贞观之治有大乱之后易于大治的天时，唐太宗超豪华的人才库和高强度的自我斗争，更是两个核心因素。

唐太宗执政后期，几乎放弃了自我约束。对大臣不太好，对自己儿子也不太好。他之所以焦躁，是因为他把自己当神，却迟迟没有找到长生不老的良方。丹药越吃越多，最终全身爆裂而死。用现代医学解释他的死因，就是重金属中毒。丹药的主要成分，是汞、铅和硫黄。

唐太宗晚年，曾经宠爱一个武姓才人，给她赐名叫媚娘。这个武媚娘一点儿都不媚，而是古今第一强悍的女子。她在唐太宗临死前，不甘心从此青灯古佛的命运，设计钓上了未来的唐高宗、当时的太子李治，一番努力后，成了丈夫儿子的皇后，继而篡掉了李唐王朝，登基成为则天大帝，

第三十七讲 唐朝为什么会盛极而衰？

太宗纳谏图

改元为周。

　　除了平定叛乱多打了几仗，耗费了一些国力，武则天这个女皇帝还是不错的，为贞观之治和开天盛世起到了承上启下的作用。她个人极聪明，既享受了至高无上的权力，又没有像王莽那样背上千古骂名。在晚年，武则天把唐王朝还给了她的儿子，自己则以李家媳妇的身份入住太庙，享受千年的香火。

　　但武则天也做了一个不好的"榜样"，在她之后，又有接近权力中心的妇女们开始打皇位的主意。往远了说，有导致大清亡国的慈禧；往近了说，有她的儿媳妇韦后。

　　韦后和丈夫唐中宗在落难之时颇能相依为命，在重新做回皇后之时却不能珍惜眼前的小确幸。她想重现婆婆的辉煌，她的女儿，唐中宗疼爱有加，称为裹儿的安乐公主想再有所突破，成为史上第一个皇太女。母女二人既然有了如此远大的理想，窝囊的唐中宗便成了她们的眼中钉，不久便离奇暴毙。大乱之中，武则天很欣赏的一个孙子，唐睿宗李旦的儿子李隆基突然出手，平定了韦氏之乱，请自己的父亲重返皇宫。

因此得以继位的李隆基就是唐玄宗。他的才能不在曾祖父李世民之下，所创造的开天盛世（开元和天宝）规模要超过贞观之治，是整个唐代的高峰，但他在晚年突然糊涂起来，一心玩乐，不再关心国事，终于酿成了安史之乱。八年内战，盛唐在最高点断崖式下跌，进入中唐。一人的喜好竟然能导致国家出现如此巨变，中国古代的世袭终身制确实有难以回避的硬伤。

唐朝由盛而衰，乃至于亡国，主要的根源在于节度使制度。三国两晋南北朝的军阀，就是节度使的前身。西魏的宇文泰和隋文帝杨坚，都看到了将领发展并掌握自己的军队是巨大的灾难，所以实行府兵制。简单说就是职业军人，只需要执行命令，而不必在乎谁是你的老大。

武则天破坏了这一制度，改府兵制为募兵制，原因大约是要培植亲信，掌控军队。唐玄宗执政之初也继续这条老路，其实已经显露了衰相。疆域的快速扩张，使得管理严重滞后，不得不倚重镇边的节度使。节度使们手握财政大权，可以随意募兵，人人都是说了算的小皇帝，不乱才怪呢。

中唐和晚唐，就是在与节度使的苦苦博弈中度过的。不幸的是，宫里还有一窝捣乱的宦官，真称得上是内忧外患。

中晚唐的宦官作乱，与东汉的情形类似，而嚣张程度和破坏力更甚。

中唐，有元和中兴、会昌中兴、大中之治，几位皇帝对节度使和宦官尚有反击，偶有胜绩。国土再次统一，军事与民生也比安史之乱时大有改善。原因之一是，君臣一心。中国的读书人真是可敬，把忠义二字当作人生的最高目标。忠臣、良臣、诤臣、直臣，一个个不同的个性、不同的人生，却大都能在国家危难之时挺直腰杆，作为皇帝能够依靠的栋梁。

所以，中唐开始的牛李党争就成了压垮王朝的最后一根稻草。

党这个字，最初的含义并不好，有偏见有私心的人聚在一起才叫党。牛党和李党，把大臣们分裂成了两派，不能再齐心协力辅助皇帝，国事自然就变得一团糟。

大中后期开始的黄巢起义，是晚唐开始的标志。经济学上有个词叫蝴蝶效应，说一只蝴蝶扇动翅膀，被搅动的空气如果逐渐累积能量，最终会形成一股飓风。黄巢正是晚唐的那只蝴蝶，他因为科举不中而心生怨气，却将藩镇、宦官、党争等积蓄已久的负能量通通激发了出来，李唐皇室再也无力掌控这样的大场面，于是在"二十传，三百载"之后黯然收场，退出了历史舞台。

灭掉唐王朝的梁，开创者叫朱温，本来是一个混得很惨的泼皮流氓，在人生极其黯淡之际赶上了黄巢起义的契机，先是加入造反的部队，又投降了政府军，两次跳槽的结果是迅速地成了一个新生代的军阀。朝廷把他看成救世的神兵，他自己却看到了投机的捷径。进宫大杀太监，赚得了民心之后，朱温挟持唐昭宗迁都洛阳，不久便将皇帝杀掉，又杀掉了一批忠于唐朝的大臣，之后按照篡位的标准程序行废立，接受禅位，将中国推入了又一个乱世——五代十国。

五代是怎么变成武将的天下的？

梁唐晋，及汉周。称五代，皆有由。

五代，不像是历史，更像是一场五幕的戏剧。短短五十三年，同样的故事重演五次，如果真是戏，那编剧的手法相当大胆；如果是现实，那就只能哭笑不得了。

五代依次为后梁、后唐、后晋、后汉、后周。他们并没有给自己的国号前面加个不知所以的"后"字，是后代的历史学者为了区别之前已经出现过的梁唐晋汉周，而称他们为后某某。

从唐末到宋初，朝代更迭的速度极快，而且两两之间都有恩怨情仇。"皆有由"的"由"，指的就是各个朝代与前朝的纠缠，以及他们的来历。

五代的"由"，简单粗暴，就是武将之间赤裸裸的杀伐，没有什么谋略和道义。后梁的开国皇帝朱温，靠剿杀自己的老大黄巢起家，又弑杀了给自己官爵的唐昭宗。他的结局也很惨，被自己的亲儿子杀掉。八个月后，朱温的另一个儿子则以为父亲报仇为由，杀掉了这个篡位的哥哥。

后唐的奠基人李克用，是唐朝的河东节度使。他本来是和朱温并肩讨伐黄巢的战友，却在一次大捷之后，中了朱温的圈套，险些丢了性命，两人由此结下死仇。欧阳修有一篇著名的散文《五代史伶官传序》，把这一段历史写得极为精彩。李克用虽然智慧不足，但异常勇猛。传说他可以仰射双鸟，就是朝天上射箭，可以把在同一个飞行线路上的两只大雁射下来。他有这般神勇，自然受不了朱温给他的气。临死前，他给儿子李存勖留了三支箭，说，暗算他的朱梁，背信弃义的契丹，受了他的救助却又背叛了他、偷占幽州的刘仁恭是使他死不瞑目的三个仇敌，一定要除之而后快。

李存勖没有辜负父亲的重托，每次出战都从太庙中请出一支箭来，完成任务后再将这支箭奉回太庙，以告慰父亲在天之灵。他用了十五年的时间，将这三支箭所针对的三个仇敌一一消灭，然后登基称帝，国号为唐。

后唐庄宗李存勖的武略不输乃父，文韬又胜出一筹，灭梁建国之时，完全是一代雄主的姿态。但是欧阳修用他做例子，证明了生于忧患死于安乐的道理。李存勖在大功既成之后，把更多的精力放在了自己的一个爱好之上，演戏。他宠幸唱戏的伶人，自己也粉墨登场，终于酿成大祸，身死国灭。

后晋的开国皇帝石敬瑭，是一个没有节操的人，为了满足自己的权力欲望，竟然主动引契丹入侵，而且以偌大年纪，厚着面皮，称契丹首领为父，自己甘心做一个儿皇帝。

石敬瑭是后唐的河东节度使，他的岳父李嗣源，是李克用的养子。庄宗李存勖遭遇兵变的时候，仓促中派他并不信任的老哥哥李嗣源领兵平叛，而李嗣源反而在城外倒戈，自己做了皇帝。力主李嗣源反叛的，就是他的女婿石敬瑭。

李嗣源死后，儿子与养子为争皇位手足相残，石敬瑭作为姐夫，没有参与调停，反而认为有机可乘，他与契丹达成密约，合兵一处，推翻后唐，自己做了皇帝，国号为晋。

石敬瑭与他的契丹干爹所签密约的核心条款，是割让幽云十六州。这不仅是中原政权之前没有过的奇耻大辱，更为以后的北宋王朝挖了一个大大的坑。丧失了这么大的一片战略地带，北宋政府不得不用自己的天灵盖直接面对辽国的强弓劲弩。宋徽宗宣和年间，出于对幽云十六州的情结，北宋与金国签订了一个海上之盟，约定共同灭辽后将幽云十六州拿回。这个盟约完全是个昏招，相当于赶走一个狼又引来一个狈。金国人杀一个回马枪，不但重新夺走幽云十六州，顺带制造了一个靖康之难，把北宋也灭掉了。幽云十六州重新并入中原版图，要等到明太祖朱元璋北伐胜利，此时距离石敬瑭的丧权辱国已经有四百五十多年了。

一把年纪做个儿皇帝，外面受着气，国内背着白眼和口水，石敬瑭的日子过得可真是够窝心的。挨了七年的光景，抑郁而亡。

他的侄子石重贵继位，不想再乖乖地当孙子，所以遭到了干爷爷的打击，后晋就此灭亡。

后汉的开国皇帝叫作刘知远，出身寒微，却也过了一把皇帝瘾，因此在民间留下了不少传说。元代四大南戏中有一出《白兔记》，讲的就是刘知远的故事。剧里说，刘知远年轻时在一户李姓地主家做苦工，一天中午，他在柴房睡觉，李地主可能想过来责罚他，却看到有蛇在刘知远的七窍之中来回穿行。李地主认定此人非凡，便将自己的女儿三娘嫁给了他。我想，这故事要是真的，一定是因为刘知远睡得太死，要是他在那时醒来，肯定被吓死。

李地主去世后，哥哥嫂嫂容不下这对小夫妻，刘知远无奈之下去当兵，留下太太在家里受双倍的苦。这部剧最精彩的地方叫作磨房产子，李三娘怀胎十月，在四面透着寒风的磨房中产下一子，孩子的脐带，是她用牙齿咬断的，孩子的小名，也就此叫作咬脐郎。

李三娘托人把咬脐郎送给已经在军中混出了模样的刘知远。十五年后，少年将军咬脐郎外出打猎时看到一只小白兔，一路追踪来到村里的井台，意外地见到了自己的母亲，于是一家团圆。

戏剧里所讲的，部分属实。刘知远少年时确实很艰苦，也确实有一个贤惠的太太李氏，在他称帝前后出了不少好主意。

刘知远走投无路去当兵，参加的是李嗣源的部队，赏识他并且加以提拔的，是李嗣源的女婿石敬瑭。正因为这时的知遇之恩，刘知远在得势之后并没有主动对石家如何，只是用了一些消极怠工、阳奉阴违的小手段。石敬瑭让他一起打后唐，他按兵不动；石重贵让他一起打契丹，他时打时和。等后晋末帝石重贵被契丹干爷爷抓走，刘知远才正式称帝，但先延用老东家石敬瑭的国号年号。政权稳定后，才改国号为汉。

五代白兔记

刘知远在历史上评价不高,原因很可能是立国时间太短,后汉仅仅四年就被"国防部长"郭威建立的后周所取代。历代的开国君主,都是一时的胜利者,有足够的话语权将自己的来世今生粉饰一番。刘知远当了两年皇帝就病死了,难免在身后的名声上吃一些亏。

后汉隐帝咬脐郎生于乱世,却一身公子哥儿的习气,遍地的枭雄都看不起他。枢密使郭威以昏君身边必有佞臣为由,打着清君侧的旗号起兵,杀掉咬脐郎,另立一个傀儡皇帝。然后自导自演了一出好戏,先谎报契丹入侵,需领兵抵御,接着士兵在城外哗变,给他黄袍加身,他在万般无奈之下才顺应民意,登基称帝,改国号为周。

后周虽然只有短短十年,却是唐末以来最好的一段光景。郭威和他的养子柴荣是两个好皇帝,南征北战之余,也注重民生和文化的恢复,一时海晏河清,分久必合的大势逐渐形成。

后周的不幸,有两个原因。一是世宗柴荣操劳过度,英年早逝,留下政治真空。二是十年前郭威主演的黄袍加身一剧实在精彩,随征的禁军中有一个二十四岁的青年观众喝彩之余跃跃欲试。在他升任殿前都点检,掌握禁军之后,恰巧世宗驾崩,幼主弱小,"黄袍加身(二)"终于顺利上演。

这个年轻人叫作赵匡胤,他继承了后周的大好形势,建立宋朝,使中国再次统一。

宋太祖赵匡胤人生唯一的黑洞是他的弟弟吗？

炎宋兴，受周禅。十八传，南北混。
辽与金，帝号纷。迨灭辽，宋犹存。

宋前面加的这个炎字，很有讲究。

夏朝之前，部落联盟的首领可以通过打架当选，也可以获得大家的一致认可然后当选，融合了丛林法则和民主意识，其实是非常合理科学的制度。因为选出来的一定是强者，而绝不可能是傻子、混蛋。

可惜，自私是人的本性，既得利益者要把首领的特权一代一代据为己有，于是产生了朝代。每次朝代的更迭，对于国家和人民都是一次巨大的灾难。战国时候的阴阳家邹衍，试图用五行转换来解释这一现象。这本来是一次学术意义上的探究，却被后来的窃国者们视为珍宝，邹衍的研究结果被加以篡改，称为"五德终始说"。大意是说，新朝取代旧朝，是天命所归，是五行相生相克的结果。比如周朝是火德，取而代之的秦朝便称自己是水德。水克火，你输给我是五行相克的结果。

朝代更替，并非没有规律可循，历史就是矛盾运动反复循环。与五行相表里的五德，用来标记已经过去的朝代是可以的，预示未来则太过离奇，只是一个被胜利者用来愚民以及逃避道德谴责的工具。西汉之前，五德终始取的是五行相克之意。到了王莽这个伪君子，认为相克不好听，很随意地就给反了过来，变成了相生。西汉原来是土德，王莽一声令下，呼啦就来了个惊天大逆转，变成了火德。火生木，王莽便说，我应的是木德。以后的朝代就这么一代代地忽悠下去，排到了后周，属木，木生火，宋朝便属了火，所以称炎宋。

宋朝接受后周的禅位，和尧舜禹之后所有的禅让一样，都是虚头巴脑令人作呕的表演。赵匡胤确实是一代英豪，而后周待他也确实很好。在一片欣欣向荣之际，以戏剧表演的方式夺了人家的江山，使好不容易安定下来的国家和百姓重新面临一个不确定的环境，赵匡胤所演的大戏，和他的前辈郭威首创的剧本几乎完全吻合——虚假战报，陈桥兵变，黄袍加身。万幸的是，他也和郭威一样，虽然是个阴谋家，但不失为一个好皇帝。宋初延续了后周良好的态势，百姓渐渐安定了下来，几个割据的小朝廷，也被一一征服，纳入统一的版图。也很有些家底的南唐企图以藩属国的身份自保，被赵匡胤一句"卧榻之侧岂容他人鼾睡"噎得没话说，只能"故国不堪回首月明中"。

赵匡胤的厉害之处，在于他能从五代乱纷纷的历史中找到核心的症结，并且加以根除。五代是武人的天下，枪杆子里面出政权。赵匡胤使了一招杯酒释兵权，把和他一起打江山的拜把子兄弟们都缴了枪，逼着他们去花天酒地安享晚年。

杯酒释兵权

后周的郭威和柴荣一直在做文武的调和，依然给赵匡胤留下了可乘之机，所以赵匡胤索性制定了偃武修文的国策，基本废掉了武将们的念想。事实证明，这一举措是矫枉过正。武将诚然失去了作乱的可能，可国家面对外敌时就明显吃力得很。另外，文人的破坏力之大不逊于武将，也是他始料未及的。

《三字经》里有一句"赵中令，读鲁论"，赵中令就是北宋初年数度为相，号称半部《论语》治天下的赵普。他可以说是宋代第一个在大是大非面前失掉气节的文人。

宋太祖赵匡胤有帝王之才，解决了五代武将作乱的顽疾，又设计了行政、财政、军事三权分立的政治结构，对臣下的缺点和失误可以就事论事。智商情商之高，在古代帝王中首屈一指。他人生唯一的黑洞，就是弟弟宋太宗赵光义。他曾经为这个宝贝弟弟灼艾分痛，这个宝贝弟弟却回报他一个烛影斧声，要了他的性命，要了他的皇位，也断送了北宋更好一点的可能。

赵普是赵匡胤的心腹，自然是阴谋家赵光义的眼中钉。而他却及时献了一招金匮之盟，以杜太后遗诏的名义给赵光义的篡位增添了合法性。

宋太宗赵光义做了不少欲盖弥彰的举动，成本最高的是不顾众人反对而进行的雍熙北伐。失败之后，北宋对辽国彻底失去了自信。真宗的时候，辽国人再度入侵，宰相寇准促成了御驾亲征，结果瞬间就扭转颓势，占据了上风。令契丹人都没想到的是，北宋皇帝居然会在这个节骨眼儿上强行议和，而且拿出不菲的代价。就像是两个人打野架，落败的一方正要大喊饶命，对方却很真诚地说，兄弟，我给你一百万把这事儿了了，中不？

澶渊之盟后，辽国人很长时间不再有胆子南侵，宋真宗却坠入了奸臣营造的幻境。

客观地说，两宋宽松的思想文化环境是文人的天堂，拥有了自由与独立，宋朝文人的学术成就极其辉煌，忠义正气也是主旋律。比如欧阳修、范仲淹、苏东坡、二程、朱熹等等，但不和谐音符的绝对数量也颇为可观。

历史上装神弄鬼的皇帝不少，但大多是为了神话自己，糊弄百姓，宋真宗却是连自己都被哄得五迷三道。大约是有些自卑，觉得活在太祖太宗的阴影之下没有自我，宋真宗夜得一梦，声称天神降下天书，这是亘古未有的祥瑞。而身居相位的王钦若和丁谓等人居然应声附和，以第一人称举了层出不穷的祥瑞证据。这是比丹麦的安徒生更有想象力的现实版的皇帝的新装，这是超越了道德底线的鬼话连篇。真宗从此以为自己真的是天神下凡，做了不少荒唐事，丁谓、王钦若等五人也因此被称为五鬼。

真宗之后的仁宗，身世有些离奇，民间流传有狸猫换太子的故事。但他是个好皇帝，正如他的谥号，宽厚仁慈，他去世的时候，连辽国的君臣都非常伤心。

赵匡胤的家族似乎有某种类似癫痫的遗传疾病。继承仁宗皇位的英宗病怏怏地熬了四年，在他之后，南宋的光宗、宁宗、度宗都饱受先天疾病的困扰。

神宗时期的大事，是王安石变法。宋朝没有强调官方的意识形态，文人因此有了极大的思想自由，儒释道往往互相借鉴，相得益彰。王安石显然在道这一科不及格，他两度为相，强行变法，旧疾未除，又添新患，朝中大臣因此撕裂，新党旧党水火不容，直接导致国力衰败，靖康蒙羞。

王安石人不坏，但心眼儿小，眼光不够长远。他围绕着"利"字来变法，直接催生了制度性腐败。到了徽宗的时候，以蔡京为首的六大奸臣，为害之烈，已经到了无药可救的地步了。

以如此疲病之躯，居然和势头正猛的金国去谈结盟灭辽，结果是引狼入室，被金国人一个回马枪端掉了东京汴梁。

王室成员中，有一个无能却狡猾的康王赵构，此时正受命在河北集结援军，却在金军围城的时候按兵不动，继而掉头南下。眼睁睁地看着自己的父母、兄弟被敌人抓走之后，宣布登基，继承宋祚。由于没有正式的手续流程，历代有不少人跟他掰扯正统的问题。按照狭义的历史观，他所开创的这个南宋还真得不到承认。北宋之后无中国，并非全无道理。

后世学者不肯认可高宗赵构，还因为他只顾小我而舍弃了大义，为了偏安一隅不惜丢车保帅，断送了大好的棋局。

被丢弃的车，是岳飞。太祖赵匡胤在立国之初曾定下不杀大臣的铁誓，高宗不仅违背了祖训，而且将杀害大将岳飞写入与金国人议和的条款，真是该骂。不过，岳飞被杀也有另外的原因。武将为害社稷的五代就是前车之鉴，高宗怎能对他放心？他所率领的大破朱仙镇直捣黄龙府的部队叫作岳家军，而不是赵家军有一个厉害的统帅叫岳飞。历史上北伐的名将不少，桓温回来后做了什么？刘裕又做了什么？

岳飞悲剧的必然还因为有人要用他的鲜血来铺就政治的坦途，那就是被唾骂至今的秦桧。秦桧在靖康之难中被金人掳走，居然能满载而归，而且令高宗马上拜他为相，其中的奥秘地球人都能猜出几分。

赵构与秦桧是历史上最令人费解的一对君臣组合，据说赵构每次见秦桧，靴筒里还要藏一把利刃。把他们组合在一起的，是私欲。秦桧自不必说，他把灵魂卖给了魔鬼，自然要拼命守住眼前的利益。赵构呢？首都杭州被他改名为临安，意为此处只是临时的行在。实际上，人们对政客们的标语和口号从来都没有当真过，一旦恢复中原，朝野上下一定会呼吁接回徽钦二帝。真皇帝回来了，他这个山寨货色要面对怎样的尴尬？

在这样的大环境之下，战与和的矛盾已经很难客观判断，国家也只能沿着非理性的轨迹艰难前行。

南北两宋合起来，一共有十八个皇帝，这就是"十八传，南北混"。"辽与金，帝号纷"，应该改一个字：辽夏金，帝号纷。两宋的外敌，除了辽金，还有西夏。在一次次战略平衡形成、打破、再形成、再打破的过程中，这三个政权先后称帝，也代代相传了很长的时间。"迨灭辽，宋犹存"，是说宋朝最初的劲敌辽国灭亡之时，宋朝依然保留着完整的国家建制。

宋朝，在中国历史上有很多之最。版图最小，经济最好，外敌最多，文化最发达。但宋朝最值得注意的现象是，皇帝给了朝野最大的思想言论自由空间，而竟然没有一起朝臣反叛事件，民间起义也只有寥寥数起。与此相对应，宋朝军民忠君爱国的程度也冠绝古今。

元朝战胜南宋是偶然还是必然?

至元兴,金绪歇。有宋氏,一同灭。并中国,兼戎狄。

元朝的兴起,犹如摧枯拉朽,速度相当之快。

建立元朝的蒙古,源于古老的室韦,和鲜卑是同宗。在中晚唐的时候,其中的一支从望建河逐渐西迁,来到后来蒙古部族兴起的斡难河一带。望建,很可能就是蒙古一词的来历。

建立蒙古帝国的铁木真,本来是蒙古部族其中一个部落的少爷。他的父亲遭到暗算丧命之后,雪上加霜,他的家庭又遭遇了本族人的抛弃。他在绝境之中,利用仅有的九匹骟马和父亲所留下的一个朋友,几经征战,竟然统一了蒙古各部,建立蒙古汗国。他本人,得到了前所未有的崇高尊号成吉思汗。成吉思,就是大海的意思。这个蒙古汗国,他们还没有文明的积累,崇尚的还是弱肉强食的丛林法则,相比其他依经守礼的国家,蒙古帝国无所顾忌,满心想着的只是一件事:掠夺。

契丹遗绪西辽被蒙古灭掉,中亚、东欧先后遭受铁蹄蹂躏。在攻灭西夏的征途中,成吉思汗病死,没有能够亲眼看到在他看来最强劲的对手金国的灭亡。

成吉思汗所建的"国",只是一个模糊的概念。要到了六十五年之后,他众多孙子中对汉文化学习最深的一个,元世祖忽必烈才在金朝的中都定了都，颁布了大元的国号，用完整的国家机器代替了之前即兴发挥式的原始管理。忽必烈因此成了元朝的开国皇帝，元朝也因此得以跻身中国历史的世系之中。

成吉思汗图

忽必烈的皇位，并非来自正统。他的哥哥蒙哥大汗在和南宋军队的交锋中死于钓鱼城下，弟弟阿里不哥继位。忽必烈从前线撤回北方，自立为汗。兄弟俩的汗位之争持续了四年，以忽必烈取胜而告终。蒙古汗国也因此分裂，忽必烈的大元作为宗主国，却也无力对其他四个汗国加以控制。有的老师讲到元朝，会说这是一个版图辽阔、横跨欧亚的超大帝国，其实并不准确。

蒙哥大汗在位的时候，蒙古帝国正处于鼎盛时期，而对南宋却久攻不下。蒙哥死后，又过了二十年，南宋才告灭亡。一向被认为孱弱至极的南宋，事实上并非不堪一击。南宋不该在与金国形成战略平衡之后，贸然下出一步外交的臭棋——联蒙抗金。结果正如北宋末期的联金抗辽一样，直接导致了国家的覆亡。

大国的外交，重在战略，取攻势；弱国的外交，重在策略，取守势。

这个道理不难懂，可惜，中国历史上的超级奸臣，几乎有一半出在南宋。堡垒最容易从内部攻破，这个道理更加简单明了。

忽必烈摆平了弟弟阿里不哥之后，开始对南宋做最后的总攻。他大约也没有想到，这一仗要打十年之久。他更没有想到，蒙古大军打进南宋首都临安，小皇帝宋恭宗出城投降，但文天祥、陆秀夫等忠心耿耿的大臣，依然保着两个姓赵的小王爷，一路打一路逃，就是不肯停下来认输。

他们哪里懂得"天地有正气，杂然赋流形"的道理！

临安沦陷三年后，蒙宋之间迎来了决定性的崖山海战。

战争的过程，一波三折。而从战略的高度来看，胜负早已没有悬念。南宋的流亡政府虽然还有二十万军民，但在陆地上已无立锥之地。蒙元的部队共有两万人，但其中一万九千人是投降的汉人。人心向背，历来是决定胜负的关键因素。

战争的结果，两万元军驾着四百艘小船将拥有千余艘大型战舰的宋军围困在海湾之内，绝望之余，左丞相陆秀夫背着八岁的小皇帝投海自尽，十余万军民也集体跳海殉国。

为什么选择不适合驻军的崖山作为决战的战场，这是南宋的历史谜题。为什么不选择逃亡海外，为什么不做殊死的一搏，这就是必须读懂中国历史才能理解的命题了。忠君，家国情怀，宁为玉碎不为瓦全，崖山的悲壮一幕正是中国人文化品格的深刻写照。

自此，北宋以来辽、金、西夏、蒙古诸国并峙的情形正式结束，中国第一次进入真正的大一统状态。这就是《三字经》中所说的"并中国，兼戎狄"。

中原的农业文明形成之后，稳定富庶，于是对周边的民族产生出轻视之感，将他们按方位分别称为南蛮、北狄、东夷、西戎。从夏商周到唐宋，这些域外民族给中原政权带来的麻烦一直不断。交流、交战、对抗、融合，恩怨纠葛两千年，却从未将版图合成一个大中国。不成想，一个未曾开化的新兴民族用了不到一百年，以最原始的武力手段完成了这一件了不起的大业。

元朝从定国号开始的历史，不到一百年。能攻而不能守，有四个原因。第一是蒙古民族当时人口并不多，一下子入主如此广袤的中国，捉襟见肘。第二是成长太快，根基不稳，还没来得及补上文化这一课。第三是战争的性质发生了质变，掠夺战争是增加资源，扩张战争是消耗资源。第四是没能正视民族融合的难题，盲目夸大民族优越感，人为制造了阶级矛盾。

元朝的时候，中国人被分为四类：蒙古人、色目人、汉人和南人。之所以把汉人分成南北，是因为北方的汉人久离王师，更易于接受蒙古的统治。而南方的军民则对蒙古军队进行过殊死的抵抗，双方的仇恨难以泯灭。如此种种，直接的表现就是蒙古贵族因为利益的争夺内斗不已，汉人的反抗愈演愈烈。在南宋亡国之后的五年，民间的起义就达到两百多起。

蒙古军队的所向披靡给人们一种错觉，误以为他们的战斗力极强。事实上，与南宋的几次对垒已经让蒙军大为头疼。而且，蒙军后期的主力多半已是汉人。几番试探后，各路豪强已经确定大元不过是一只纸老虎。元朝后期的十几年，有意问鼎的起义军之间的拼杀占掉不短的一段。最后胜出的，是稳扎稳打的朱元璋。

再补充一句，元朝的九十多年，经济文化并非一塌糊涂。大都、真定、平阳、临安作为四个中心，很是繁华热闹。著名的元杂剧，即以此四个中心辐射全国。一直有一个说法，认为元朝废掉科举，致使文人失去上升的通道，才委身市井进行杂剧创作。这一观点显然是后世书生向壁虚构的结论，盛世的文艺作品，显然更加丰富。以元曲为代表的元朝文化，应该是民间自发经济发达，在市场成熟的环境下滋生而出的。

朱元璋只是一个成功的地主吗？

明太祖，久亲师。传建文，方四祀。
迁北京，永乐嗣。追崇祯，煤山逝。

很少有人不想做皇帝，尤其是最终做了皇帝的人。可就有人本不想做皇帝，最终却做了皇帝。

以上这段绕口令，献给至今仍颇具争议的明太祖朱元璋。

中国历史上，以平民身份登上帝位的不多，如果不考虑南北朝和五代十国的小朝廷们，只有刘邦、刘秀、朱元璋三位。刘邦和刘秀，在革命的初期，就有明确的远期目标，那就是当皇帝。否则，刘邦也不会只撮了几万人就敢越过潼关，直取咸阳。

朱元璋却不然，他只想本本分分地种地，一日三餐有口热乎饭吃。可时势偏不给他一席安稳之地，天灾加上人祸，堵上了他所有的路。家破人亡，背井离乡，要饭、流浪混不下去，当和尚又被人举报通匪。于是他只好横下一条心，索性去正式地做一个匪。

如果让大元朝的皇族们了解到这些，他们一定后悔到用脑袋撞墙。愚民、维稳、无休止的压榨，这有多蠢啊！像朱元璋这样的草民，给他块地种，给他本书读，让他能看得起病，有个地方发牢骚，他怎么会冲冠一怒，打到大都呢？

元朝末年，成气候的起义军可不止朱元璋这一支。纵向地看，有小明王韩林儿和刘福通；横向看，有张士诚、方国珍、徐寿辉、陈友谅。起步最晚，实力最弱的朱元璋能将群雄一一剪除，最终胜出，靠的不是绝世的武功，也不是崇高的理想，而是扎扎实实的地主精神。

战乱时期的各位枭雄对于地盘，大者将之视为一粒粒的棋子，小者只是可供抢掠的一座仓库而已。朱元璋却认为，我抢到的地盘就是我的，谁都不能染指。于是，他在拿下重镇南京（那时候还不叫南京）之后，以此为圆心，顺着半径一点点扩张，终于积小胜而为大胜，笑傲群雄。

明军起义图

一个有十亩田的地主，靠自己的勤劳便可以耕种收获；到了数十亩，便需要季节性地雇一些短工，如果监督不力，就难免出一些顺手牵羊的小纰漏；到了百亩以上，则必须要有长年的雇工，不来点儿半夜鸡叫的小把戏还真是不放心。朱元璋的地主越做越大，所拥有的何止百亩千亩，普天之下莫非王土，率土之滨莫非我的长工。自己家里这么多外人，多闹心啊！偷我的钱怎么办？骗我的钱怎么办？坑我的钱怎么办？朱元璋以这样的地主思维当皇帝，一天都没开心过。定规矩、兴牢狱、杀功臣、养特务，明朝立国之初，动作频频，其动机其实只有一个：别动，那是我的！

　　有这样的基础，整个明朝，政治的基调就是不信任。朱元璋不信任有司及官员，于是有了锦衣卫；永乐帝不信任锦衣卫，于是又有了东厂；到了成化时期，连东厂也难保信任，于是又有了西厂。这两厂一卫作为明朝的特产，引来学术界很多的剖析。其实，这就是朱元璋的地主思想在作祟。

　　朱元璋在太子朱标先他而死之后，非常令人费解地没有在剩余的二十几个儿子当中选择一位储君，而是册立朱标的儿子为皇太孙，为七年之后的靖难之役埋下祸根。

　　在普通百姓家，幼子与长孙往往会得到更多的宠溺。而在家业有一定规模的大地主、超级地主看来，家有千口，主事一人，嫡长子无疑是最值得信任的，由此移情到长子长孙也是难免的。

　　历史上，皇太孙一共出现过十一次，明朝之前的八次都是在战乱或危机之中的权宜之计，明朝的三次却都是在一片和平景象下所出的昏招。

　　明太祖朱元璋驾崩，皇太孙朱允炆即位，这就是建文帝。这位二十出头的年轻人满怀理想，一身抱负，就是没耐心。他和三位书读得不错的老人家一起，将十几位健在的叔叔当作假想敌，折腾得死去活来。一年之后，他的叔叔中最能打的一位，驻守北平府的燕王朱棣认为忍无可忍，集合了兵马来和侄子理论。叔侄二人打了三年，结果是叔叔获胜。南京城破之日，皇宫着了一把大火，建文皇帝下落不明，留给后人一个大大的谜题。

"方四祀",是说建文帝只在位四年。"祀",指的是每年一度的由皇帝主持的对天地社稷诸神的祭祀。"方",是仅仅的意思,表达了这一版《三字经》的改编者对靖难之役深深的惋惜之情。本来嘛,以朱元璋的稳扎稳打,开国之初的形势一派大好。大小功臣杀了几万个,朱家的皇权根本没人可以撼动。假如给建文帝多一点时间,或许还真能有所作为。可惜……

永乐,是朱棣的年号。明清两代,一个皇帝在位时只用一个年号,所以民间和后世都用年号来称呼相应的皇帝。的确,相比起某祖某宗的庙号来,年号确实更顺口一些。

永乐皇帝造反成功,但并没有在南京皇宫逗留。到处都是老爹和侄子的势力,他能信任谁?还是迁都到自己的大本营放心啊。于是迁到北平,北平成为全国的行政中心,改称北京。原来的首都应天府成为留都,由于与北京南北相对,改称南京。民国中期,国民政府逆向而动,从北京迁到南京,于是北京又降格为北平,一九四九年之后恢复北京的名称至今。

永乐皇帝的内政外交都做得不错,文化上还留了一部旷古烁今的《永乐大典》。他所犯的错误是给了宦官太多的信任。不过这也有点无奈,被老爹嫌弃,被侄子调戏,他也真是没人可信任啊!

"永乐嗣",有两种理解方法。一种是把嗣解释为继承,永乐继承了建文之后的皇位;一种是把嗣解释为后代,按照原定的继位原则,皇帝应该代代出自大房朱标,而现在,老四朱棣这一支变成皇位的正统了。

永乐的后裔中,弘治有些王霸之气,使王朝呈现中兴之相。其余的几位,顽劣的虽然不多,但受制于宦官,高开低走的不少。

短暂的仁宣之治后,英宗就在土木堡之变中做了瓦剌人的俘虏。成化皇帝给太监开了个西厂,正德皇帝贪玩儿,居然死在了豹房。嘉靖皇帝宠幸方士,行事荒唐,连宫女都恨不得要杀死他,北边、东边,都在此时有了外患。

隆庆一朝和万历朝前期,张居正是绝对的一哥。手握权柄而全无二心,张居正实在是儒家入仕的楷模。但在张居正死后,万历皇帝对朝政的兴趣迅速消退,甚至常年不上朝,和大臣们玩起了躲猫猫,导致国势由盛转衰。取代明朝的清,正是在此时发展壮大的。

党争，在东汉、晚唐和北宋后期都曾出现过，结果都是导致了亡国。万历后期，东林党人的沉浮实际上已经预示了明朝衰亡的不可逆转。

在开明的政治环境中，大家畅所欲言，党派之间的关系是互相砥砺、互相监督。而一旦出现党争，就说明政治生态已经失衡，是极其危险的信号。

万历之后，光宗短命，天启皇帝的主交给了权阉魏忠贤来做。末代皇帝崇祯并非不想革故鼎新，但无奈沉疴日久，难以复生。杀掉了魏忠贤，却也留不住一个可用的袁崇焕。行政系统从上到下彻底腐败，百姓活不下去便要造反；忠臣良将作为异类，被谗言所困，得不到皇帝的信任，外敌因此乘虚而入。内外交困，崇祯皇帝在李自成的起义军打进北京城之时，在皇宫后门的煤山自缢身亡。煤山，就是现在的景山。

我们如何看待历史上的兴衰？

廿二史，全在兹。载治乱，知兴衰。
读史者，考实录。通古今，若亲目。
口而诵，心而惟。朝于斯，夕于斯。

人类之所以成为地球的主宰，是因为有文明。文，是各种好看的外在表现；明，是说这些智慧的创造可以驱散蒙昧与黑暗。换言之，如果哪一种动物也有足够的智慧和创造力，也有属于它们的文明，那人类在地球上的地位还真的未可知呢。

人类的文明中，了不起的有历史、伦理、哲学、艺术等。这里简要说下历史，狭义的历史，指的是用文字记录下来的人类的活动。人类真是够聪明，能想到历史可以给当今提供借鉴和警示；然而人类也真是够笨，有着如此丰富的史实，还不断地重复同样的错误，使得历史逐渐有点无聊，看起来就是一次次治乱兴衰的交替轮回。

"治"，本义是用堤坝沟渠等水利工程来对付洪水，引申为有效的管理。哪一朝代的管理工作做得好，便被称为治世。比如文景之治、贞观之治等。中国古代的治世，都是昙花一现。虽然有儒家学说，描绘了仁礼并施的治国蓝图；虽然有法家理论，阐述了责罚分明的治国手段，但是，儒家需要帝王克制自己的欲望，法家需要帝王放弃部分的威权。所以，治还是不治，完全取决于帝王个人。而处在权力的巅峰，有几个人愿意克制和放弃呢？于是，治后必乱，乱后思治便成了一条不易的定律。

"兴"，是起的意思。新朝初建，欣欣向荣，走在希望的田野上，人人都昂首奋进，沟坎、荆棘和身体的伤痛都被精神的亢奋所掩盖。等到建设工作告一段落，才开始吃过去的亏，疲劳、厌倦、抱怨等负面情绪便接踵而至。外戚、宦官、藩镇、贪腐、党争等这些危机，是几乎每一个王朝都要面对的中期考核。比如西汉的七王之乱，西晋的八王之乱，唐的安史之乱，宋的元祐党争，明的夺门之变等。如果中期考核通过，可能会有若干帝王能够拨乱反正，带来一时的中兴。

"衰"，是指干枯、破败，逐渐失去生命力。为什么会这样？因为失望。百姓之于国家，正像是大地之于草木。他们不再对大树抱有希望，国家就失去了源源不断的营养，衰败自然一发而不可收。一个朝代的衰亡，往往有全面的征兆。文人在此一时刻，显得尤为敏感。李商隐的《乐游原》和韦庄的《秦妇吟》，就是在大乱之前所发出的亡国预警。

每一个朝代的治与乱，都被历史冷静地记录了下来。后人以史为鉴，就可以对当前所处的环境做出一个兴衰的判断。知兴衰的"知"，不仅仅是知道，更是分析判断之后的了解，有一些前瞻的意味。

《三字经》用了三分之一的篇幅来讲历史，史的重要性可见一斑。自传说中的伏羲、神农，到明朝结束，这二百八十多个字是高浓缩的"泡腾片"，溶解之后是皇皇的二十二部史书，分别是：《史记》《汉书》《后汉书》《三国志》《晋书》《宋书》《南齐书》《梁书》《陈书》《魏书》《北齐书》《周书》《隋书》《南史》《北史》《新唐书》《新五代史》《宋史》《辽史》《金史》《元史》《明史》。

二十二，只是一个数字，不必拘泥。《三字经》最初成书于南宋，那时候的正史还没有二十二部。现在又有二十一史、二十四史、二十五史等说法，都只是因为朝代更替，官史数量有所增加而已。如果这个治乱兴衰的规律继续下去，将来还会有三十八史、七十六史等。

但是"前四史"是一个专有名词，指的是《史记》《汉书》《后汉书》

《三国志》这四种。它们是体例完备之初的作品，后世的史书，基本不脱它们的窠臼。

书生读史图

史书的分类也要掌握。从内容角度分，有自然史，有社会史；从时间跨度分，有通史，有断代史；从体例角度分，有国别体、编年体、纪传体、纪事本末体。

读史书，要讲究方法。孟子说，尽信书则不如无书。这句话靠谱儿。中国的史官文化源远流长，秉笔直书的传统一直延续到唐太宗李世民时期。《左传》里记载，齐国大臣崔杼杀掉了齐庄公，史官记道：崔杼弑其君。崔杼把他杀掉。史官的弟弟闻讯，立刻进宫，对倒在血泊之中的兄长视而不见，先提笔写下：崔杼弑其君。又被杀掉。第三个弟弟同样，第四个弟弟再写，崔杼终于屈服，不敢再举起屠刀。远在城外的南史氏听到史官被杀的消息，带了纸笔星夜兼程，要进宫记录这一史实。路上听到崔杼已经接受了被写入历史的事实，才返程回家。司马迁在《史记》中，也对当朝天子汉武帝毫不客气，有一说一。汉武帝可以因为李陵的案子把司马迁收拾得很惨，但看着《史记》，却不敢发作，只能自己拍着桌子生闷气。

李世民的标签是善于纳谏的明君，看起来似乎很愿意自省。他以观察前一日言行举止是否有过失，以便及时改正为理由，要求史官把每天的起居注给他过目。在此之前，起居注作为史官实录的原始材料，天子无权过问。以唐太宗的强大气场，史官当然不敢拒绝。从此，历史不再纯洁，开始了被涂涂抹抹的悲惨历程。

所以，读史书，要考实录。"考"，是探究，分析。道听途说的野史不见得是空穴来风，一本正经的官修史书也不见得句句属实。"实录"，是接近真相的第一手材料。多看，敢于怀疑，用证据说话，做合理的推断，才能达到"若亲目"的效果。

"通古今"，是说不要读死书，把历史当作是静态的故事。以古鉴今，以今正古，才对得起辛辛苦苦写历史或是编历史的各位老师啊。

"口而诵，心而惟。朝于斯，夕于斯"四句，在这里稍显突兀。因为这是一个具有普适性的学习方法，不仅仅是针对学历史而言。文言文对于现代人而言存在阅读障碍，其实古人也有这个烦恼，谁说古代人日常说话也是这么之乎者也的呢？

古人有"书诵百遍，其义自见"的说法，在不扰民的前提下，出声诵读确实是学习文史类知识的好方法。在诵读的同时，心里也要专心地思考，心神合一，方能直窥书本蕴含的奥秘。

学习是个滴水穿石的功夫，没有速成的捷径。古往今来，一学就会的东西大多可疑。名门正派的各位，无一不是乖乖地闻鸡起舞，自旦至暮。

勤是学有所成的秘诀吗？

昔仲尼，师项橐。古圣贤，尚勤学。
赵中令，读鲁论。彼既仕，学且勤。

  这一讲的主题是勤学。再细分，则有"不耻下问""学以致用"和"活到老，学到老"三项内容。请出来现身说法的两位古人，是至圣先师孔夫子和北宋的开国宰相赵普。

  学习对于每一个人都至关重要，但大家对于学习的态度却各不相同。这是一个很残忍的事实，因为阶级，或者说人与人之间实实在在的差距，很大程度即是因此而来。

  《论语》中说，生而知之者，那是最厉害的，因为他拥有了不起的天赋；学而知之者也不错，不但智力正常，而且愿意付出努力；困而学之者就差点意思了，事实上，在目前的中国，这是最大的人群，临阵磨枪、临时抱佛脚，指的都是此类情况；困而不学者，那就只能坦然地接受潦倒落魄、穷愁交困的人生了。

  现实中，有一些没读过书的人也获得了不错的成就，导致部分围观群众有学习无用的误解。其实，学习只是一个动词，它的宾语是什么并无特指。那些胸无点墨的"暴发户"，倘若不是通过作奸犯科、投机倒把致富，就很值得大家尊敬，因为人家也是学而知之者。还有那些没怎么读过书的手艺人，也很值得尊敬，能创造出那么美好的作品，当然是学有所成啊！

生而知之者极少，这样的人能否被及时发现，不至于埋没，是一个社会文明程度的标志之一。困而不学者也不多，能不能给他们足够的福利，使他们至少能够体面地活下去，也是一个社会文明程度的标志之一。困而学之者最危险，因为天堂和地狱只在他们自己的一念之间——正视学习就会进位为学而知之者，有一个不错的人生；一而再再而三地松懈，直到对困境产生了免疫力，那就沦落为困而不学者，生活的许多扇门便不再有资格去敲响。

当一个社会正常运转时，学而知之者应该是主流。聪明的你们可能会想到一个问题：如果人人都是学而知之者，那岂不是会出现一个倒金字塔式的社会结构？这个担心是不大可能成为现实的。无论以什么样的参数来统计，学而知之者都不会呈现均匀的正态分布。在纵向的空间，依然是一个愈高便愈窄的金字塔形。这是因为，勤学，也是不容易做到的。

学习具有很强的功利性这事不容置疑，否则怎么会有学习的动力呢。之所以在愿意学并且学得会的群体中还能分出明显的层级来，是因为大家对学习目的的理解又有不同。学而优则仕。大多数人认为，通过学习来博取一份工作，解决生计问题就足矣。殊不知，学海无涯，我们完全可以在生存这个小目标上，不断添加一个个的大目标。

当然，学如逆水行舟，不是一件轻松的事，但也不是凭蛮力就能做好的事。书山有路勤为径，苦学可以，傻学却不行。这一讲所举的榜样孔子，少年时就以好学而闻名，他是中国历史上第一个在民间办学的人，因而号称万世之师。孔夫子取得了如此之高的成就，却没有刀枪入库马放南山，而是终其一生勤学不辍。

孔子说："三人行，必有我师焉。"身边如此之多的老师，要如何学习呢？孔子又说，"不耻下问。"这个下，不是说请教的对象不如自己，如果这位"师"是一个"不善者"，那就没必要问了，直接比照一下，如果自己有类似的缺点，改之即可。有问的必要，那对方一定是一个"善者"，求教的时候，要把自己的身段放下来，很诚恳地去问。这个不难理解，我们是去学习的,是想要有所收获的,倘若是一副趾高气扬的嘴脸,得到的可能是一顿棍棒。

传说孔子出游路上曾经遇到一位七岁的神童项橐,一番交谈后,孔子认为这个小孩子有些见识要高于自己,于是称项橐为师,虚心向其请教。这一段故事真假难考,似乎也没必要去考。以孔子对学习这件事的理解,对方是谁不重要,不耻下问已经是他的习惯了。

《三字经》里举"昔仲尼,师项橐"这个例子,目的只是激励我们要积极地去问学,把身边每一个人都当作良师,把每一次擦肩而过都当作学习的良机。"古圣贤,尚勤学",你再自负自大自以为是,学问能超得过孔圣人吗?

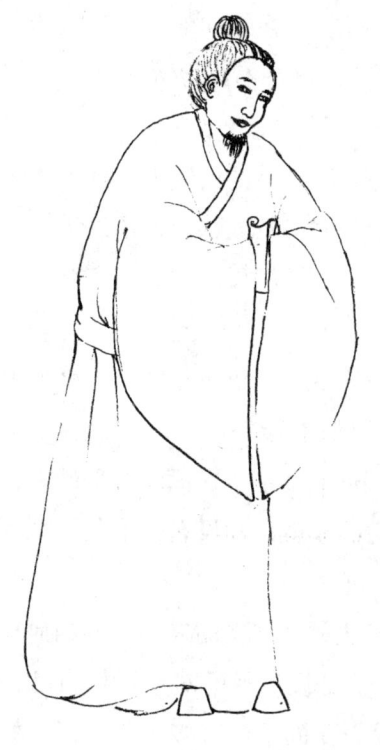

项橐难子图

在中国古代，学习的最佳结果就是做官。当权力、俸禄、地位、社会资源等通通收入囊中时，奋斗是否就失去目标和动力了呢？事实上，很多官员确实是这样。一入仕途，便将心思都用在了钻营之上，对学习的热情不再。

我们暂且离开学习这个主题，讨论一个更大的话题：人生的意义究竟为何？这个问题我想大多数人一时间很难作答，毕竟活着本身就不容易。几番思想之后，或许会说，为了父母啊，为了孩子啊，为了升官发财啊，为了报效祖国啊……

我所推崇的，是"士志于道"。朝闻道，夕死可矣。活着，就是为了活个明白嘛。否则，生命就是单纯的数字累积，今年挂和明年挂，有何区别呢？

想到这一层，学习为了做官，做官还为了做官就有点无聊了。您不得考虑退休啊，毕竟，能把特权伴随终生的满历史书也就那么几位。

北宋初年的名相赵普，把做官和学习这两件事拎得很清。他的仕途，从一个小吏起步，一路做到宰相，也就是"中书令"，中书省的首长，手握签署政令的大权。为官至此，夫复何求？

赵中令在宋太宗非正常继位之后献出金匮之盟，政治人格有疑点，但就勤学一事而言，他无疑是一个好榜样。五代末年的乱世，一个小吏能够屡获升迁，一定是有极强的分析能力和决断能力的。赵普学以致用的精神是他仕途顺利的关键因素。在流传下来的赵普的故事之中，经常看到他对循名责实、为政以德、三思而行等理论的活学活用。宋太宗曾经开他的玩笑说，听说你就会看一本《论语》啊！赵普回敬道，半部《论语》就可以治天下了。之前我辅佐太祖，只用了上半部，现在给陛下你做宰相，下半部也就够了。

除去玩笑的成分，赵普确实在"鲁论"也就是《论语》上下了不少功夫，而且是仕而优则学，学而优则仕，终生不废。

人生也有涯，而知也无涯。活到老，学到老，虽不一定能给我们带来理想的高官厚禄，却可能让我们增长智慧，明辨是非。

穷二代和富二代谁更容易有所成就？

披蒲编，削竹简。彼无书，且知勉。

《名贤集》里的"寒门生贵子，白屋出公卿"，被许多生活不太如意的家长作为家庭教育的灯塔，这个误会实在不小，很有必要纠正一下。

贵子和公卿，是教育的诸多结果之一，不是唯一，也不是最后的终点。一个小孩子从咿呀学语到立身于世，至少要达成如下目标：知识、技能、辨别能力、强健的体魄、健康的精神、坚强的意志、现实的成就。这其中哪一点，都和寒门、白屋没有直接的必然关系。

我想，之所以有这两句话出现，而且能得到很多人的认可，是因为大家把寒门、白屋与学习的动力联系在了一起。事实上，摆脱贫穷也确实是学习的动力之一。

学习是教育的核心内容，学习的必要条件又可以细分为如下几项：学习的主体、学习的对象、学习的内容、学习的场所、知识的载体、学习的动力、学习的方法、学习的目标、学习的结果。

从上述分解来看，贫穷之于学习，不像是一种正向的推动力，倒是一个足以形成考验的阻碍。比如本讲所举的两位楷模：路温舒与公孙弘。因为家境贫寒，他们在学习的内容和知识的载体这两个环节遇到了麻烦，有强烈的学习意愿，却没有书读。路温舒想到的办法是"披蒲编"，公孙弘采取的措施是"削竹简"。

蒲编和竹简，都是用来做知识的载体，以抄写借来的书籍。为什么不直接说是纸呢？因为路温舒与公孙弘都是西汉时的人物，那时笔与墨的应用已相当普遍，但造纸术还没有发明，承载文字的主要工具是简与帛，这对于一般家庭来说，是非常昂贵的奢侈品。

古代没钱买纸的学生，不止他们二人。一部分孩子会因此索性辍学，也有的就近取材渡过难关，比如欧阳修的芦荻画地。据此推断，路温舒的家乡应该多有池塘，所以他会想到把蒲草编起来用以写字。"披"，不是把蒲草劈开，而是展开阅读的意思。公孙弘的家乡则多有翠竹，所以他会从见过的简册中得到灵感，把竹子削成长条的片状，用来抄写借来的书籍。

公孙弘自制的竹简，和正式应用的竹简是有很大差距的。文天祥有两

公孙竹简图

句非常有名的诗"人生自古谁无死，留取丹心照汗青"。汗青一词，就是来源于竹简的制作。为了防止虫蛀及变形，从竹子到竹简，是要经过烘烤、脱水、定型等多道工序的。

在这两段故事中，路温舒与公孙弘是学习的主体，学习的对象——一般是老师，却没有出现。显然，以二位的家境，按时交纳作为学费的束脩，在学堂中系统学习不大可能。

没有相对固定的老师，他们学习的内容也只能是碎片化的。能借到一卷书就不容易，哪还顾得上去考虑什么流派体系！他们因此可能会付出的代价是：由于知识点太分散而难以达到一定的学术高度；由于知识库中时有相左的观点而导致学习效率的损耗。

二位的学习动力倒是足够充沛。一个证据是，路温舒与公孙弘在学业小有所成之后，都曾经多次向中央上书，争取出人头地的机会。对于身体与智力都正常的成年人来说，贫穷是一件可耻的事，通过努力去摆脱窘境无可厚非。相比于衣食无忧的环境，寒门白屋之内的童年确实更能激发人的斗志。

当然，二位学习的目标并不单纯是去争取荣华富贵。西汉的社会文化氛围一直很好，尤其是武帝独尊儒术之后。读书人都能以天下为己任，自觉地把个人价值和社会责任结合起来。路温舒在上疏中建议宽缓刑罚并废除诽谤之罪，反对刑讯逼供，以免给酷吏贪赃枉法留出空间。公孙弘在给朝廷的对策中提出"凭才干任官职，不听无用的意见，不制造无用的器物，不夺民时妨碍民力，有德者进无德者退，有功者上无功者下，犯罪者受到相应惩罚，贤良者得到相应奖赏"。

寒门子弟学习的环境极度艰苦，学习的方法也大多靠自己的摸索，因此，很难期待有上佳的学习结果。路温舒终其一生也只做到了临淮太守这样的小官（相当于现在的镇长），公孙弘虽然拜相封侯，风光一时，但七十岁高龄时还只是在金马门待诏，真正施展才能的时间并不多。

官职只是学习结果的一种体现，传世的作品、被时人称道的品德、证明其某一方面有杰出能力的社会标签（比如音乐家、优秀教师、口技表演艺术家等等）都是好的学习结果。当然，现在也有很多人以财富的多少来评价学习结果的优劣。虽然境界稍低，但只要是通过正当途径与手段致富，也值得肯定。如果一个时代都只以金钱论英雄，且不管其出处，那就是整个社会的价值观出现了扭曲，是一个极其危险的信号。

　　从上述对作为教育核心内容的学习这件事的拆解式分析不难看出，寒门、白屋的孩子们要取得任何成功都不容易。他们要付出超常的努力，才可能争得一个平等竞争的机会。事实上，不只是中国，遍览世界历史，贵子与公卿更多地出自诗书传家无须为衣食忧愁的中上家庭。中国几十年来的现状也提供了不少的反例，太多不成器的富二代和为数众多的凤凰男交相辉映，使大家对我的这一结论表示怀疑。其实这一现象有一半和《三字经》有关，"养不教，父之过"，富二代混蛋是因为富一代还没活明白呢。但这些来路不明的富一代是如何出现的，飞出寒门的凤凰男们会不会成为又一茬混蛋富一代，这就是《三字经》所解决不了的了。

兴趣和棍棒哪个才是孩子更好的老师?

头悬梁，锥刺股。彼不教，自勤苦。

这一讲来探讨一个时髦的概念：逃离舒适区。

孔子说："知之者不如好之者，好之者不如乐之者。"这句话清晰地说明了学习的三重境界：懂得学习；喜欢学习；以学习为乐。

孔子在杏坛之上与弟子们坐而论道，因材施教，其实相当于现在的研究生教育。所以，面对尚处于启蒙阶段的孩子们，还不能将他的教育理论生搬硬套过来。他所认为的学习的最低标准——懂得学习，已经足以让绝大多数熊孩子的家长们喜极而泣、惊喜若狂了！

韩愈有一句话可以和孔子的这一理论相配合："人非生而知之者，孰能无惑？"每个熊孩子都有一大堆问题，对学习的抗拒几乎是共性。也不怪他们，与弹弓、飞盘、爬树、掏鸟相比，学习这件事未免太枯燥无趣。可是，令他们百思不得其解的是，之前一向百依百顺的父母偏偏在这件事上不依不饶。反抗无果，熊孩子们也懂得先不吃眼前亏，暂时将目光移到字词句章、加减乘除上面来。从这一刻直到成为一个"知之者"，正是他们漫漫的成长之路。

爱因斯坦说：兴趣是最好的老师。这句话把相当多的中国家长坑得不浅。越过"知之者"而直奔"好之者"的境界，是一件极其冒险的事。韩愈说：书山有路勤为径，学海无涯苦作舟。学习一途，唯有勤苦。孩子们在到达"知之者"这个目标前，正像是被棍棒皮鞭驱赶着迁徙的羊群，停下来耍赖或是走邪路溜号，都免不了要受一点皮肉之苦。两害相权取其轻，还是埋头向前走吧，尽管疲劳，尽管浑身酸疼。设想一下，此时手拿皮鞭棍棒的家长们如果主动提出来让小羊们寻找自己的兴趣，随心所欲地溜达，小羊们一定开心无比，迅速以各种借口回到自己的舒适区，躲得一日是一日。而继续走下去的小羊们，却终将到达水草丰美的新绿洲，衣食无忧之后，兴致勃勃地成为各种好之者乃至于乐之者，被称为羊老师、羊大夫、羊工程师、羊司令官等。

所以，兴趣不一定是最好的老师，棍棒和皮鞭才有可能是。

教字的右半边，原来不是反文旁，而是用来象形手执棍棒的攴（读作扑）。被棍棒所攴的，正是左边的子；攴的目的，是学会算筹所代表的各种知识。

家长与老师，与熊孩子们素无冤仇，之所以挥起棍棒，是为了驱赶他们逃离舒适区，专注于将来会使他们受益无穷的学习上来。

舒适，只能生产肥肉；疼痛，却可以使人清醒。

以更为形象的体育项目为例。日常的训练总是不断地挑战运动员肌肉的耐受力，倘若跑跳十分钟会感到不适，那就要训练到十五分钟。如此日积月累，运动员舒适区的上限就会逐渐提高。等到了要在比赛场上一较高下的时候，总在舒适区外承受痛苦的冠军便会得到无与伦比的回报，之前的不适根本不值一提了。

正因为逃离舒适区无可选择，头悬梁的孙敬和锥刺股的苏秦才成了我们的榜样。"彼不教，自勤苦。"他们二人不需要皮鞭与棍棒的提醒，便可以自我督促，用有效的手段把自己一次次地驱离舒适区，争取到更多的学习时间。

孙敬是东汉时的大儒，他年少时为了学习，惜时如金，诗书在手便不肯出门，邻居们给他取了个雅号叫"闭户先生"。有时读书到深夜，却有困意袭来，为了避免打盹儿，他在房梁上系一根绳索，另一端则拴在自己的头发上。将睡之际,头发被扯的剧痛就会使他瞬间清醒,从而继续读书。

悬梁苦读图

现在有不少孩子也是"闭户先生",不过他们的目的与孙敬恰恰相反,是为了躲进舒适区。也会有家长来帮倒忙,看到孩子犯困,尽管当天的作业还没有完成,也忍不住说一句:宝贝,今天先睡吧,长身体要紧啊!

苏秦生活在风云激荡的战国时代,他在学校里成绩不错,却不懂得理论联系实际,毕业后在周、秦等处吃了闭门羹,盘缠花尽,狼狈归家。踏进自己的家门,正在纺织的妻子看到他一副潦倒落魄的样子,居然不肯停下手中的活计给他只言片语的问候。饥肠辘辘,到厨房去求嫂嫂做一碗饭,也只吃到了一顿白眼。去给父母请安,父母也不愿意跟他说话。苏秦大受刺激之后,认为自己人生的失意是因为事业的失败,事业的失败则因为以前读书不求甚解。于是用一年的时间手不释卷,日夜研读,晚上犯困，就用尖利的锥子刺自己的大腿，经常流血至足。终于，所有的书都融会贯通，悟得真谛。二度出山，苏秦施展合纵之术，使强秦不敢西出函谷关。当他腰配六国相印衣锦还乡之时，嫂嫂居然匍匐在地上蛇形前进来迎接他！

头悬梁和锥刺股，我们只需要学习其中苦学的精神，而不必去模仿二位古人恐怖的举动。

在孩子们满肚子问号，还没能成为一个"知之者"之前，各位家长的负担并不轻松。此时的孩子并不能知晓，舒适区其实是一个陷阱，咬牙跋涉的勤苦的路径，才能通向鲜花和大饼。家长要做的，是制订一个劳逸结合的规划，然后在既定的学习时间之内，随时做出正确的评估，恰到好处地抡起皮鞭和棍棒，把孩子们从舒适区里赶将出去。

对于孩子，学习和砍柴放牛哪个更累？

> 如囊萤，如映雪。家虽贫，学不辍。
> 如负薪，如挂角。身虽劳，犹苦卓。

　　李斯在学成下山之际，对送别的老师荀子说：人生在世，穷困是莫大的悲哀。范仲淹在得知曾经受他接济的孙复成为当世名儒之后说：贫困实在是一种可怕的灾难啊！

　　贫穷是一种生活状态，但贫穷对于有志于学习的人来说，是一种极大的障碍。贫穷将不幸生在贫穷之家的孩子们分成了三个群体：安于现状的延续贫穷，怨天尤人的神经错乱，努力不辍的终有回报，就像囊萤映雪的车胤和孙康。

　　车胤和孙康都是东晋时人，家里贫寒，无钱买灯油，只好日落而息，将不短的时间交给枕席。夏日夜间，车胤会捕捉几十只萤火虫，把它们装在一只白色的布袋之中，充当台灯。光虽微弱，照亮时间也有限（萤火虫每次发光的上限是二至三个小时），但日积月累，竟也从困窘之中偷得不少读书的机会。成年后，车胤因为博学善辩而得到了桓温的赏识，走上仕途，累迁至吏部尚书。

　　孙康的家乡在北方，没有萤火虫这种便捷的生物能源，但却拜高纬度所赐，在冬季频频降雪之时得以彻夜饱读。孙康记录在史书中的官职有两个，一个是起部（唐以后称工部）的郎，一个是征南长史。

还有一个凿壁偷光的故事与此类似，西汉的匡衡，年少时家里穷没钱点灯，但他有个好邻居，不介意他在共用的墙壁上掏一个洞，他便借用漏过来的烛光读书。成年后，匡衡成为一代经学大师，而且拜相封侯。

囊萤映雪和凿壁偷光故事的主人公们是勤学苦读的典型，现今的父母可借鉴这些故事来督促孩子们读书。

前文中曾经论述过，贫穷对于学习，不是动力，而是巨大的阻碍。所以，对于贫而好学的榜样，要学习的是他们眼光长远、善于御物、乐观坚持的精神，如果太过聚焦于故事的表面，那就会闹出刻舟求剑、东施效颦的笑话来。明朝的张大复在《梅花草堂笔记》里编了这么一个段子：有个读书人坚持囊萤夜读，乡里都以他为好学的榜样。有人慕名前去拜访，一大早去，却扑了个空，很意外地问道，哪有晚上囊萤读书，而早晨出门的呢？家里人很抱歉地解释说，为了晚上有足够的萤火虫，他每天早晨都出门去捕捉，要到傍晚才能回来。来访者顿时被惊呆了。

段子都是来源于生活的，生命力远胜于新闻。当代的孩子们有书读，不必披蒲编，削竹简；有舒适的环境，不必囊萤映雪，却每每人为制造非如何不能学习的困难，真是要生生地气煞古人。

"如囊萤，如映雪。家虽贫，学不辍。"这一段的关键，是"辍"。"辍"字的本义是车辆因为缺乏连接的部件而无法前进（也有解释为车队被打乱而无奈停止的），强调的是客观的困难。学习的进程是否顺利，固然也有外部因素的影响，但主观意志显然更重要。因为贫穷而买不起灯油，对于晚上读书是一个巨大的困难。车胤和孙康虽然不能抗拒大自然的力量，但却能以极大的热情将昆虫肆虐的夏夜与冰天雪地的冬夜变为浪漫的读书良机。贫而不辍，是为楷模。

寻找客观的借口辍学，背后的原因还是留恋舒适区，畏惧身体的辛劳。当代有不少的学童，终日游嬉兴致勃勃，参加学校的体育项目就痛不欲生，拿起书本更是大呼厌学，认为是苦事一桩。学习，被动地辍令人扼腕；主动放弃则很让老师和家长们有敲脑壳的冲动。

这些认为学习很累的同学,可以好好听一下负薪挂角的故事。

西汉时的朱买臣,家贫无依,靠卖柴为生。每天早晨上山打柴时,他都携带着当天要学习的书籍。背着柴垛下山时,一手执书,摇头晃脑地吟哦出声。同行的柴农和路边耕种的老乡们都以为他冻坏了脑子,把他当作笑料。要知道,那时的书就是一卷卷的竹子,分量可不轻。带了书就得少砍柴,路上蹒跚而行就会错过卖柴的最佳时间。

少卖了几担柴的朱买臣得到的回报是,同乡严助感叹于他的才学,将他推荐给了汉武帝。当他讲说了一番《春秋》《楚辞》后,汉武帝当即任命他为中大夫,继而外任会稽太守。因平定东越叛乱有功,升主爵都尉、丞相长史,位列九卿。

挂角典故的主人公是隋朝的李密。他的家境尚可,也有少年得志的经历,但却能在遭遇挫折之后读书不辍。隋朝的越国公杨素有一天在乡野小路上遇到一个牧牛的青年,人坐在牛背上,捧着一卷书读,牛角上还挂着一部书。杨素好奇,下马一看,挂着的是《汉书》,再问读的是什么,回答说《项羽传》。这个青年正是李密。杨素父子很赏识他,给了他很高的平台,李密后来成

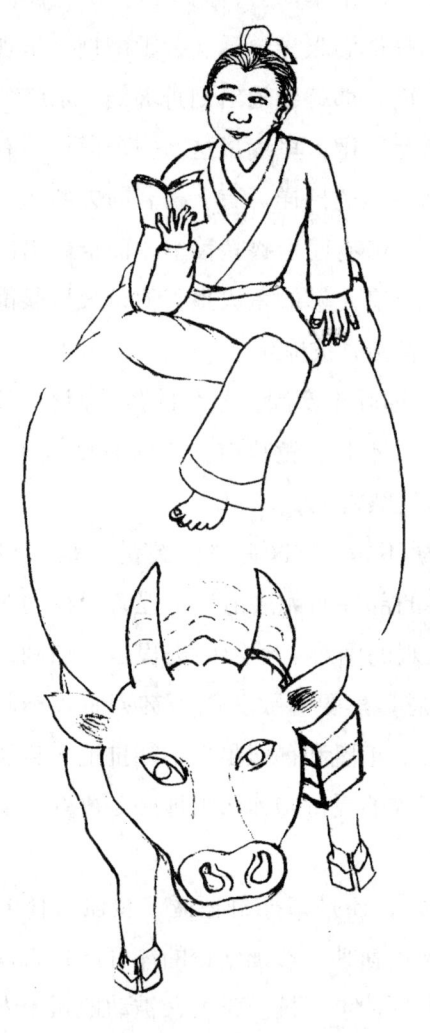

牛角挂书图

为隋唐之际的一大枭雄。

　　背柴和牧牛都不轻松,朱买臣和李密却能在劳累的同时继续苦读,这种苦,和单纯的学习的苦累比起来,要多上一倍。所以说,"犹苦卓"。苦,是刻苦;卓,是高、超的意思。对此不以为然的小朋友,或是觉得学习是桩苦差事的小朋友,可以尝试背着一担柴去写作业,或是一边跟牛较劲一边预习功课。

小时候不认真学习以后一定会后悔吗？

苏老泉，二十七。始发愤，读书籍。
彼既老，犹悔迟。尔小生，宜早思。

人类最富足却不知珍惜的资源是什么？空气。小孩子最不缺乏却极易浪费的财富是什么？时间。

学习的苦与乐，统一点在于对学习目的的理解。成年人确实有不少以学为乐的，那是因为他们知道为了什么而学——学习或者能给他们带来直接的物质回报，或者能激发他们精神上的共鸣。所以，对他们而言，时间不够用，总有人生苦短、白驹过隙的感叹。

对于孩子们呢？天下之至苦莫过于学习。我听说，有的小学生为了逃避学堂可以往自己头上来一板砖。我小时候也有无数逃学的念头，但没一次成功，因为我父母都是老师，随便瞥一眼便能识破我的小花招。他们下手，可比板砖狠多了。既然是天下至苦，对他们而言，学习的时间就是度日如年。

家长和老师对他们讲：学习可以修齐治平，他们集体无意识；讲学习可以换来夸奖和诸多心仪之物，有一小部分学生开悟；讲学习可以跃龙门改变命运，又有一部分学生明白少许；讲不学习便打断你的狗腿，一多半学生终于被迫接受这悲惨的现实。

家长和老师们又讲：一寸光阴一寸金，寸金难买寸光阴。孩子们在心里默默地不屑一顾：我有大把的光阴，或者你们给我寸金好了。昨天和今天有何不同？学习嘛，不如明日。

"明日复明日，明日何其多。"等到孩子们终于明白"我生待明日，万事成蹉跎"的道理时，却往往悔之晚矣。

苏老泉是唐宋八大家中的苏洵，老泉是他的号。有一个著名的文学组合叫作"三苏"，苏老泉是其中之一，另外两位是大名鼎鼎的苏轼和苏辙，都是他的儿子。

三苏读书图

看起来风光体面的苏老泉，在《三字经》里却是一个"反面"典型。他在儿时任性玩耍，不把学习当作一件要紧的事，仗着天赋出众，偶尔也写几篇诗文。等到科举落第，方惊觉自己正在被时代抛弃。再翻看自己之前自鸣得意的作品，简直羞惭难当。于是将旧作付之一炬，"始发愤，读书籍"。他在"犹悔迟"的时候，已有二十七岁。

举一个最终学有所成的苏老泉做反例，足见《三字经》编撰者的良苦用心：纵使天赋异禀的苏老泉，都对少年时不珍惜光阴耽误了学习而懊悔不已，此时正处学龄的孩子们，在看了他的故事之后，是不是应该早一点思考一下，究竟要如何面对学习这件事？成长的道路是必经的，学习的辛苦也是客观存在的，得过且过只能将痛苦延长，正视现实却可以早日涅槃，以苦为乐。

苏老泉在四十七岁的时候带着儿子苏轼和苏辙进京赶考。按照当时的潜规则，父子三人带了几篇文章去拜会当时身居高位的文坛领袖欧阳修。欧阳修阅后，赞叹不已。消息传开，苏洵的大名不胫而走。等到放榜之日，两位公子苏轼、苏辙又同榜及第，于是"三苏"一夜之间名动全国。

苏老泉客居京师十年便因病离世，我推断，他在这十年中心里或许备受煎熬。倘若能提早十年发奋读书，像《六国论》这样的鸿文一定能再作几篇。在北宋那样宽松的政治环境中，苏老泉若能提早十年金榜题名，当年进京之时或许已经身至凤凰池，入主机枢，大有作为。那么其后也许就不会有王安石的一意孤行，不会有元祐党争，不会有靖康之耻。

《三字经》是一部训蒙的书，但目标受众绝对不是熊孩子，而是各位家长。就中国的国情而言，孩子的教育，第一责任人只能是家长。各位家长很有必要在孩子学习的区间内给孩子设定一个个的阶段性目标，督促他们一点点地进步。否则，您的孩子就会在年近而立的时候发出"犹悔迟"的叹息。那时想向老天再借五百年，老天未必愿意。因为根据广义相对论，宇宙的生命也是有限的啊。

坚定的志向对于孩子有多重要？

若梁灏，八十二。对大廷，魁多士。
彼既成，众称异。尔小生，宜立志。

首先要说的是，这一讲的数字八十二与上一讲的数字二十七并不冲突。如果有读者质疑，前面讲二十七岁学习已经晚了，这里又讲八十二岁不晚，这是否矛盾？我只劝他一句，这位作者（据传是南宋大儒王应麟）凭着一册薄薄的千把字的《三字经》纵横中国文化界近一千年，而且丝毫未露衰相，足以说明他并不糊涂。

老子和孔子都对水推崇备至，除了对立身处世有所启迪之外，教育者也应该于水的善德之中多有感悟。我认为，教育理论的核心就是没有理论。每个孩子都是相异的独立个体，以一样的学制一样的课本一样的纪律一样的标准把他们框将起来，实在残忍。理想的教育是随物赋形，也正是孔子所说的因材施教。同样的水，加诸不同的孩子，有的变成了小溪，有的变成了瀑布，有的变成了深潭，有的变成了江河。多美！

《三字经》在这最后一个大的内容单元里，正是发挥了以水喻教的精神。不同的榜样，不同的经历，寓含的是不同的道理。苏洵教育我们莫浪费光阴，梁灏则教育大家要有坚定的志向。

传说北宋时的梁灏少年好学，立志要金榜题名，忠君报国。然而屡遭挫折，直到八十二岁高龄时才得中进士，有资格与来自天南地北的饱学之士一同参加殿试，竞争状元（状元不是在考场考到的，会试后贴出来的金榜排名不分先后，要等参加殿试之后才由皇帝点出一甲三名：状元、榜眼和探花）。

廷，是君王问政的地方。大廷，是宫中最主要的议政场所，也就是殿试的殿。中国自汉代以后，大部分时期国家都很重视教育，最高级别的考试当然要放在最重要的殿堂。

能站在这大廷之上，是每个读书人的梦想。能从这些准进士之中脱颖而出，独占鳌头，则是读书人入仕之前的最高梦想。

如何能在这短短的时间之内对这些素昧平生的士子们做出一个优劣的评判呢？笔试环节命题作文已经写过了，文笔都不错；殿试相当于面试环节，由皇帝出题（参加过殿试的进士们自称天子门生也正因为此），考的多是与治国理政相关的具体问题。这些问题曾经被写在一条称为"策"的竹片上，大家随机抽取，根据"策"上的问题进行对答，这个过程叫作"对策"。

魁，是北斗星中的第一颗，后来被引申来指众多竞争者中最杰出的那一个。北宋时科举的规模已经远超隋唐，殿试一甲虽然只有状元、榜眼、探花三人，二甲进士出身和三甲同进士出身却动辄达到四五百人以上。梁灏参加殿试时，在这么多优秀的士子之中争得了第一，夺得了魁首。

科举是个独木桥，历来故事不少，比如《儒林外史》中所写的范进中举。八十二岁的梁灏金殿夺魁高中状元，这种事放在古今中外都是一条吸引眼球的好新闻。"众称异"，实在不足为奇。

传说之中，梁灏在后晋天福三年第一次意气风发地走上考场，经后汉、后周，至北宋已历四朝，虽战乱而不辍，终于在第四十七个年头铁树开花，老有所成。成，是结果，是理想的最终实现。过程呢？恐怕是不堪回首。四十七年，要经历多少人世变幻！如果没有一个坚定的信念作为支撑，梁灏怎么可能写出耄耋之年金殿夺魁的传奇！

第四十八讲 坚定的志向对于孩子有多重要？

梁灏登科图

我小的时候兴趣热点转移极快，有一个老师批评我说：圣人立长志，小人常立志。当时听了没觉得刺耳，所以做了很多年的小人，到了不惑之年才蓦然惊觉，一事无成的主要原因就是没有目标，于是开始发奋，并期待能健康地挨到八十二岁。

历史上真实的梁灏并没有那么长寿，四十二岁便辞世了。他也并非老来成名，而是少年得志，二十三岁就中了状元。他在当时的情况是，他的儿子继他之后也在殿试中折桂，父子状元，一时佳话。后来他变成小说戏剧的主角大约也是因为强大的学霸基因惹人艳羡，甚至嫉妒。算命先生们也把他作为IP，专门编了一个"梁灏登科"的卦象，用来预示学业、事业的一帆风顺。

《三字经》的作者是大学问家，自然不会相信算命先生的装神弄鬼。同样作为名列宋史的大人物，他当然知道梁灏的真实经历。之所以选了民间传说中的梁灏来作为教材，正说明了他是一位不错的老师，对教育颇有心得。既然有梁灏八十二夺魁的故事，何不顺水推舟，用来教育娃娃们，滴水可以穿石，只要立志，并且坚持，终有大成的一日。

至于故事的真实性，在历史课上再去较真儿吧。华盛顿砍倒樱桃树是编的，牛顿被苹果砸了脑袋也是纯属虚构啊。

神童可以坐享其成吗？

莹八岁，能咏诗。泌七岁，能赋棋。
彼颖悟，人称奇。尔幼学，当效之。

人的大脑有着很神奇的构造，神经元长一分短一毫就会导致智力的各种差异。从天赋角度来看，神童不是稀有，而是一个常态。那么问题来了，为什么从古到今只有寥寥的几个神童呢？

据说爱迪生有过一句名言：天才是九十九分汗水加一分灵感，但是那一分灵感最重要。这话说得很诚恳，没有那一分，您再努力也只是九十九；但没有那九十九，您再天赋异禀也只能是个一。

令人担忧的是，中国的许多家长对神童现象的看法不太客观。看到别人家的孩子有超常表现，便认为人家是生而知之者，不学就会；看到自己家孩子偶有灵感迸发，便认为自己中了头彩，孩子不必再经过艰苦的学习过程。

"莹八岁"的莹，是北魏时的名臣祖莹。他第一次被作为神童来称赞是在八岁，事迹是可以"咏诗"。咏是流畅且有节奏地背诵，能咏诗是说祖莹可以熟练地背诵《诗经》。这是个简省的说法，实际上祖莹也有熟背《书经》的记录。当时他拿错了《曲礼》的课本，而老师讲的却是《尚书》。被叫上讲台之后，抑扬顿挫地把《尚书》背了一遍，未错一字。

小孩子大多记忆力惊人，背诵不是什么有难度的功课，而咏就是另一重境界了，不但知其然，而且知其所以然，否则便无法做到既熟练又有节奏。

少而能咏，大家称奇。可是，祖莹为何能有这样的表现呢？

史书记载，祖莹小时候手不释卷，父母担心他的身体，就强令他早早熄灯休息。祖莹的对策是，用烧过的灰烬把炉子里的火种掩盖，待父母走后，再将火吹燃。为防止父母看到亮光杀个回马枪，他用衣服将窗户遮蔽，如此继续读书，常常通宵达旦。

"泌七岁，能赋棋"，说的是唐代历仕玄宗、肃宗、代宗、德宗四朝的传奇人物李泌。他在七岁时就有神童之誉，玄宗召他进宫，请宰相张说出题，来考考李泌。张说手抚棋盘说，我们来赋一个方圆动静如何？李泌回答，您先说个大概吧。张说早有准备，当即赋道：方如棋局，圆如棋子，动若棋生，静若棋死。李泌了然，脱口而出：方若行义，圆若用智，动若骋材，静若得意。玄宗不禁叫绝。

神童赋棋图

世人只称奇神童的颖悟，却忽略了神童的勤奋。李泌所赋的这四句，方若行义出自孔孟的著述；圆若用智是老庄的思想；动若骋材体现了纵横家的智慧；静若得意则浓缩了魏晋谈玄的成果。

　　七岁的娃娃，能悟透这么多的哲学精神，确实有一分过人的智商；而如此海量的阅读，就必须伴随着九十九分的汗水了。所以，李泌才能有一个一百分的人生。

　　所以，《三字经》的作者才用心良苦地劝道，"尔幼学，当效之。"即，你们也在学龄的孩子们，实在应该向他们学习啊！

　　王安石写过一篇关于神童的寓言《伤仲永》，讲的是一个五岁的孩子方仲永忽然会作诗，乡人称奇，他的父亲也引以为傲，终日带着他出入于各种聚会，以表演作诗获利。其情形正类似于现在的童星。七八年以后，王安石见到他，当场作诗已经配不上神童的大名。又过了七年，王安石再问起仲永的近况，已经"泯然于众人"了。

　　这个故事中，有三个字是仲永命运转折的关键："不使学"。就是说，他的父亲认为，孩子有这一分聪明就够了，不必再去和常人一样辛辛苦苦地学习。最后的结果是，仲永很快便燃尽了这一分上天赋予的颖悟。

　　王安石感慨道，被上天眷顾，有着超常智慧的人没能接受好的教育尚且会变成常人，那本来就智力平平的人不好好学习，难道只是变成常人那么简单吗？

女孩子在学习上比男孩子有劣势吗？

蔡文姬，能辨琴。谢道韫，能咏吟。
彼女子，且聪敏。尔男子，当自警。

这一段内容，是《三字经》中唯一有瑕疵的地方，但并不是作者能力所限，而是受制于时代的局限。

中国在部落联盟时期之前，有过一段很长时间的母系社会。从三皇五帝开始，生产强度增加，管理的难度也跃升了一个大大的台阶，男性便开始占据领导地位。唐代以后，女性更是被诸多的条条框框所束缚，地位跌入低谷。

宋元明清四朝，女性有一点点小的成就都会被冠以一个居然。似乎她们就应该安安静静地居于深闺之内，未成年则专注于针黹女红，出阁后则只能相夫教子。

所以，《三字经》的这几句，看似是在称赞才女，实则体现了明显的男尊女卑的思想。

进入二十世纪后，女性地位触底反弹。现代科技的发展使得劳动环节的性别意识渐趋淡薄，女性能自食其力，就具备了闹独立的条件，客观地看，当今女性已经在很多领域与男性分庭抗礼，甚至在个别领域对男性形成了碾压之势。

在漫长的男权年代，女性能够史册留名非常不容易。逆向思维一下，我们今天能看到的古代才女个个都相当了不起，天赋、努力、坚强的性格，缺一不可。

"蔡文姬，能辨琴"讲的是父女之间的一段趣事。蔡文姬的父亲蔡邕，是东汉末年的经学家、文学家、史学家、书法家、音乐家。文姬七岁的时候，蔡邕在隔壁弹琴，突然有一根琴弦绷断，文姬说，爹爹，你断的是第二根琴弦。蔡邕很惊讶，但认为文姬是偶然猜中。于是又在一番杂乱的弹奏中故意拨断一根以作测试，文姬准确无误地回答：这次是第四根。蔡邕大大称奇。

文姬听琴图

蔡文姬的聪敏远不止辨琴这么简单，她的书法也很好，她的文学成就更是建安时期的翘楚。东汉末年，战乱频仍，出门无所见，白骨蔽平原。百姓涂炭，蔡文姬也没能幸免，她夫君早亡，自己又被掳到胡地。在草原育有二子，曹操重金将她赎回，而回归故地就必须骨肉分离。如此的遭遇令人肠断，她用长篇的《胡笳十八拍》将这番国破家乱以及内心的纠葛记录下来，为中国叙事诗歌留下绝唱。后人评述说，蔡文姬的诗歌可以令蓬草和沙砾都悲愤到飞旋起来。那一时期的建安文学以风骨著称，代表人物有三曹七子和一蔡，作为唯一女性的蔡文姬的文学成就远凌驾于三曹七子这十位须眉之上。

谢道韫也生于乱世。东晋后期，外有北方的强敌，内有权臣作乱，偏安一隅都难以做到。谢道韫的父亲是安西将军谢奕，叔叔是淝水之战以少胜多的名臣谢安，丈夫是书圣王羲之的次子王凝之。即使如王谢这样的超级家族，身处覆巢之下，也难自保。海盗孙恩率领匪兵攻入内陆，官军居然望风披靡。谢道韫的丈夫王凝之时任会稽太守，他笃信道教，认为天兵天将会来相助，结果被杀。匪兵杀到王府时，却遇到了劲敌，原来是谢道韫一身戎装，手持双刀，身背年幼的外孙，率领一众女眷守住门户。手刃数贼之后，谢道韫被抓到匪首孙恩面前。一番怒斥，大义凛然，孙恩居然被折服，恭送谢道韫祖孙二人回府。

就凭这一桩事迹，我就把谢道韫列为古今才女的第一。

历来对才女的评价，或能文，或能武。谢道韫兼具文武，更为难得的是她的风度。

"谢道韫，能咏吟"的故事发生在谢家的一次小型聚会上。这一天天降大雪，这在江南是难得一见的景致。谢安问诸位子侄，谁能描绘一下呢？谢道韫的哥哥谢朗思索了一下说道："撒盐空中差可拟。"众人颔首。妹妹谢道韫却认为不妥，她说："未若柳絮因风起。"一屋皆为之赞叹。后世形容文采出众的女性为"柳絮才"，出处正在于此。

另一个出自谢道韫的典故更能说明她的出类拔萃。同郡张玄的妹妹也以才情著称，颇有与谢道韫一争高下之意。有一位善于交际名门的济尼，在分别见过二人之后评价道，张妹妹清心玉映，有闺房之秀；谢道韫则神情散朗，有林下之风。

林下风致，体现的是大才情、大智慧、大风度，真是对女性的最高评价啊！

古时候能在学堂里读书的，都是小男生。女孩子学习知识的机会很难得，却能有如此杰出的人物，着实不易。《三字经》的作者借此给男孩子们增加点压力，再不努力，就要被女生给比下去，多丢人啊！

现在的社会宽容度与古时候相比已经有了质的飞跃，除了个别强调生理差异的领域，男女事实上已处于平等的地位。蔡文姬与谢道韫，已经是所有学童们的榜样。当然，也可以继续作为女孩子们的楷模，让不努力的男孩子们紧张起来。

童星成年后会是一片坦途吗？

> 唐刘晏，方七岁。举神童，作正字。
> 彼虽幼，身已仕。尔幼学，勉而致。
> 有为者，亦若是。

在一个非工作的场合，我见过曾经红极一时的一个少年组合的一位成员，这个在舞台上活蹦乱跳的孩子真可以用呆若木鸡来形容。不管别人和他说什么，都要回头问他的父亲："公司今天是怎么安排的？"

美国演艺界几十年前也出过一个神童秀兰·邓波儿，她在荧幕上塑造了不少惹人怜爱的形象，而她背后则有一个庞大的团队为她提供各种服务，同时也忍受着她的各种跛扈。年纪稍长，商业价值不再，门庭冷落，邓波儿度过了一段极其灰暗的岁月。

神童和童星，差别在于是否介入成人世界的劳动和价值交换。因为从事教育职业的缘故，我对童星一途一向深恶痛绝。当看到现在很多父母着了魔一样地把自己的孩子推向星途，真是忧心忡忡。

童星有何可怕之处？利。作为大人们逐利的工具，孩子们唯一有价值的就是童年（各项才艺？大人的世界里并不缺乏）。孩童的天真可爱，保质期并不长，要在有限的时间里榨取到最大的利益，交易链条上的大人们必须无所不用其极——见过陀螺吗？当它的身上不能再累加一条鞭痕时，它就该被抛进垃圾堆了。

过早接受成人价值观的孩子，缺失童年经历的孩子，当他们真正长大成人的时候，融入过程必定无比痛苦。可是，除了追悔莫及的父母，围绕在他们身边的人已经散去，谁来帮助他们？谁还会在意他们？

然而，神童并非没有属于他们的进阶之路。是什么呢？成为专业人才，比如唐代的神童刘晏。

刘晏七岁就有才名，但他能够被唐玄宗御封一个太子正字的官职，并不是家长主动造星的结果。"举神童"的"举"和察举、科举的"举"含义相同，是国家正式选拔人才的一种方式。据现在可以看到的史料，汉代就有专门针对神童的举荐考试，隋唐时期依然沿用。刘晏正是通过这样的神童试，脱颖而出。一年后，唐玄宗封禅泰山，刘晏进献了一篇赋，玄宗龙颜大悦，召见刘晏，当场任命他为秘书省太子正字，刷新了小朋友做官的年龄纪录。

又过了三年，唐玄宗在勤政楼前大摆百戏，自己携贵妃和一些官员在楼头观赏，刘晏也在受邀之列。一个娃娃穿着官服，煞有介事地居于百官之列，这画面看起来萌萌哒。玄宗也觉得可爱，就把他召到近前，逗他：正字，你都会正什么字啊？刘晏一本正经地回答：天下的字臣都会正，只有一个"朋"字还没正好。这句话戳到了玄宗的心病，竟然无言以对。朋，本来是个褒义的词，指志趣相投的人。古时有同学为朋、同志为友一说。但东汉以后，一些在政治上有相同利益的官员形成的小集团被称为朋党，对国家机器的正常运转有所阻碍，令皇帝们头疼不已。唐宋两朝的衰亡，朋党是原因之一。十岁的刘晏能有这样的见识，足见他之为神童并非浪得虚名，神童试中举之后的三年也没有虚度光阴。

刘晏在安史之乱后专心财政，颇有建树，为战乱之后的重建提供了不小的保障。中唐时期能有数次复兴，刘晏功不可没。

刘晏的故事给历代为人父母者的启示是，要对孩子做一个客观的前置判断：如果孩子有过人之处，可以让他在正规的途径和专业的方向上有所发展；如果孩子并无突出的天资，那就按部就班地接受教育。

玄宗考神童

但是,"非神童"也不是不可以把刘晏作为榜样。"勉而致","勉"是尽力,"致"是达到,也要尽力地向刘晏的成就靠拢。"仕"是做官,古时候读书人的理想路径是修齐治平,忠君报国,所以要鼓励孩子们尽早学业有成,入朝为官。现在的社会为孩子们提供了更为广阔的发展空间,只要在学习阶段努力勤勉,也可以在少年时代就在诸多的专业领域中实现自己的人生理想。

结末的一句"有为者,亦若是"稍显多余。《三字经》作者写下这一句大约是想告诉那些在少年时没能珍惜光阴而成年后想要有所作为的大哥哥大姐姐们,虽然你们不能像刘晏那样幼而仕,但如果有确定的人生目标,现在开始努力,也可以勉而致。

没有一技之长的人能生存吗？

犬守夜，鸡司晨。苟不学，曷为人？
蚕吐丝，蜂酿蜜。人不学，不如物。

《三字经》的这几句，看起来像是在骂人，细琢磨一下，确实是在骂人。骂的是谁呢？不学习的人。不但骂，而且骂得狠。不学习，你都不配做人！你连禽兽都不如！

老夫子动如此大的肝火，是要再次强调学习的重要性。他给"为什么要学习？"这个问题提供了一个最低标准的答案，也提醒衮衮诸君，如何对待学习也事关如何对待人生这样的宏大命题。

生而为人，既要有自然属性，也要有社会属性。前者与生俱来，从外形上即有别于其他生物；后者则需后天努力，是我们能够厕身同类之中的必要条件。

许多人赞叹蜂巢与蚁穴之中的井然有序，其实人类社会就是一个放大许多倍的蜂巢或蚁穴——不同的群体各有分工，各尽其责。

每一个人在这个社会体系中的地位体现有三个层级：技能、职业、成就。技能是与个体相伴随，用来交换基本生存条件的。比如拥有理发的技能，就可以凭一把推子换取劳动所得；会种地，一把锄头也可以让你衣食无忧。甚至只有一把力气，也能在仓库、码头挣口饭吃。现在"吃货"这个词很流行，让我十分担忧。把吃当作技能不可靠啊，随便牵一头猪来，你就得甘拜下风。

狗狗可以看家护院（现代的宠物犬，卖卖萌也是技能啊），雄鸡可以报晓，蚕宝宝吐丝能织绸缎，小蜜蜂采花能酿蜜，一个人如果没有一项随身的技能，真是连这些动物都不如。

收获蜂蜜图

职业高于技能，是因为需要与同事协作配合，完成某一类工作，为其他的群体提供所需的服务，比如医生、护士、教师、工程师等。

同一类职业的集合，叫作行业。人类社会在前进之中进行了一次次的分工，逐渐形成了一个纵横交错互相支撑的生态系统。行业就是这个系统的经纬主干。如此的结构保证了人类这一种群的生存发展，每个行业只需专注于自己的领域，以自己的成果为其他行业提供必需的物质或精神材料，同时也从其他行业获得自己所需的材料。

想象一下，一个拒绝学习、没有任何技能的人，在这个人类种群赖以生存的生态系统之中无法归入任何一个行业，也不能以自己的个体劳动和其他社会成员进行交换，那他就只是一个社会资源的消耗者，对其他同类而言，就是一个负累，一个毫无用处的寄生虫。

更为可怕的是，一旦这种不学无术不劳而获的寄生虫成为楷模，"吃货"成为时尚，那么人类从自然界所交换的能量将出现逆差，我们不得不消耗系统内部的营养，啃噬柱石，大厦将崩塌，人类社会将面临灭顶之灾。

成就是个体价值的最高体现，每个有所成就的人往往被称之为某某家，比如作家、艺术家、企业家、发明家、慈善家等等。

人类之所以从众多生物中脱颖而出，成为地球的主宰，一个主要的原因是文化的出现。文化是抽象的，却能对具体的事物起到巨大的推动作用。原因是什么呢？在于文化大大增加了人类的凝聚力，使每个族群都能够高效配合，展现出非凡的战斗力。

掺杂了政治因素的文化史观认为，人民群众是文化的创造者。事实不一定如此，我的观点是，杰出人物才是人类社会的核心因素。举个例子，长城是一个非凡的文化创造，它确实是由数十万劳工一砖一石堆砌而成。但是，同样庞大的人群和足够的建筑材料，如果没有一些杰出人物的创意和指挥，所产生的成就可能不是雄伟的万里长城，而是为数不少的猪窝。

一个人能够有所成就，证明他在自己所属的行业中出类拔萃。往小了说，他自己的社会价值得到了极大的体现；将视角放宽，一个人的成就会对整个行业形成正面的促进，从而使整个人类都从中受益。在文化的层面上看，他的成就可以被提炼为一种精神，对所有行业的人群都起到巨大的提升作用。优美的画作，动听的音乐，精巧的建筑，宏富的书籍——文化可以使后来者自豪，增加群体的向心力；可以使后来者有所感悟，提升他们的素质；可以使后来者钦佩，从而对他们有所激励。

这一切的基础，依然是经由学习而掌握的技能。

提一个抽象的哲学命题：至刚者至柔。人类作为万物之灵长，其实脆弱无比，跑不过猎豹，跳不过袋鼠，举重都胜不了蚂蚁。所以我们才要学习，就算不是为了成为某某家，也要解决自己的生存问题吧。不学习，没任何技能，不懂如何融入社会，在更大的地球生态系统中，您就只是食物链底端的一坨有机物而已。

功利性地学习是可耻的吗?

> 幼而学,壮而行。上致君,下泽民。
> 扬名声,显父母。光于前,裕于后。

现在有一些父母会教育孩子发扬个性,而不必在意别人的眼光和评论。这些孩子真让我羡慕,他们可以不受规矩的约束,尽情地撒欢儿;有一点儿成绩也可以尽情地骄傲,而不必夹着尾巴强忍满心的喜悦。

我们那一代小的时候,几乎所有的老师和家长都恨不得把两只手都重重压在我们蠢蠢欲动的小肩膀上,他们一次次地强调:满招损,谦受益!

从现实情况来看,个性解放的孩子大约能比我们抢到更多的蛋糕和糖果,而长大成人之后,则未见得会收获更多的鲜花和掌声。

中国古代的教育工作者,真是了不起。他们不会做现在这样非黑即白的选择,而是大大方方地承认:我们喜欢出名啊!我们不拒绝财富啊!但是,这些只是额外的收获,前提是我们要尽到"上致君,下泽民"的职责。

先哲们认为,一个人的成长要分为两个阶段:"幼而学",年少的时候要集中精力来学习;"壮而行",成年之后便要施展所学的才能。

学习这件事,可以分为两种类型:一种叫基础学习,一种叫专题学习。稚童阶段,全部是基础学习,内容是基本的人生观和世界观,直观的文化史和文化常识，以及部分技能的预备知识。稍长一些，便会逐渐地加入专题学习，用现代的学科分类便是数学、物理、化学等。等到立身于世，学习并未停止，只是目的性更加明确，大多数的情况都是为了解决某个专项问题而进行的专题学习。

学习的目的是什么呢？行。实行、践行，不是行万里路，行万里路还是属于学的过程。在哪里行呢？学而优则仕，最佳的行是做官。当然，这是帝制时代的思想，除了五代十国等个别的乱世，秦以后的中国古代对于

状元得意图

读书人还是足够宽容的。两汉魏晋有察举、征辟和九品中正制，隋唐至晚清则一直实行科举取士的制度。虽然也有门阀权贵从中作梗以谋取私利，但总体来看，读书人入仕仍是主流。原因是什么呢？家天下。普天之下莫非王土，皇室成员对国家拥有至高无上的所有权，自然乐得看各路人才为他效力，没有必要纡尊降贵去和布衣出身的读书人争夺基层的权利。倘若最高权力掌握在一个群体的手中，情况便会变糟，因为权力被更多的人分享，对国家的责任心就会被弱化，而对利益的占有却会逐渐下移到各个基础的层级。

古代的读书人按照"幼而学，壮而行"的程序来到一级级的官职上，所"行"的内容根据礼兵吏户刑工的分工各有不同，但"行"的指导思想却是一致的："上致君"，要对得起国君的信任；"下泽民"，要为百姓带来福祉。"致"，是给予的意思，在这一句之中还可以理解为回报。家天下时代，大家认为衣食住行都是君王的赐予，所以忠君对读书人来说是伦理的极则。父母给我们生命，养育我们，所以我们要孝亲。孝是忠的起点，忠是放大版的孝。"泽"的本义是蓄水灌溉，此处用的是引申义，施以恩德。《尚书》中说："民为邦本，本固邦宁。"仁政既是人性本善的自发结果，也是政治伦理的必然要求。官员代表国君行使权力，若是不能有所作为泽民以德，那就会生出民怨。民如水，既可载舟亦可覆舟，官不泽民，岂不是大大的不忠？

学而优则仕，仕而优则学，由三好学生到三好官员，就会被所泽的民众口口相传，在史册和民间留下美名。扬名声之余，自己的父母也会享受到一份尊荣。为什么呢？成功人生的起点都是"幼而学"。"养不教，父之过"，父母是家庭教育的第一责任人，孩子千古流芳，对家长何尝不是极大的成就呢？

"光于前"，有两种理解：一是指为父母争光；二是指好的官员自己生前的风光。"裕于后"，也有两种理解：一是指好官员也有好俸禄，足以为子女留下一笔丰厚的遗产；二是说学和行同样优秀的士人，会成为后世的楷模，是一笔巨大的精神财富啊。

给孩子留足够的金钱对吗?

人遗子，金满籝。我教子，惟一经。
勤有功，戏无益。戒之哉，宜勉力。

中国的孩子实在是幸福，几乎每一个中国家长都为了孩子的将来煞费苦心。这也是无奈之举，人口多，资源就相对有限，不努力就要被边缘化，甚至淘汰，谁能忍心接受孩子因为自己不够优秀而输在起跑线上的事实呢？

美国社会学家马斯洛分析说，人最基本的需求是生存。解决生存最简单的方法是什么呢？足够的一般等价物啊！所以，一般的家长会为了孩子而积攒财富。这就是"人遗子，金满籝"。"籝"是竹筐，拥有一筐金子在大多数的情况下都是一件不坏的事情，但是在家庭教育这个领域却要提高警惕。因为一旦操作不当，这一筐金子便会成为一座堤坝，挡住孩子前进的道路。

历朝历代，"富二代"都是一个极具贬义的称呼。辛辛苦苦致了富，却给孩子背这么个名声，真是何苦。问题出在哪儿呢？能创造并积累财富，脑子一定不笨，只是对教育的理解不够深刻，为孩子的前途犯了糊涂。

同样家有"金满籝"，但有的孩子没被称为"富二代"，而是"出身名门""书香门第""大家闺秀"。二者的差别，就在一个"教"字。富而不教，孩子便不知礼义廉耻，行事与禽兽无异。

家境贫寒的孩子，若是在"教"这个环节没有缺失，成年之后挣得金满籯并非难事,而且可以扬名声,显父母。中国历史上这样的例子可不少,比如披蒲编的路温舒、削竹简的公孙弘、负薪而学的朱买臣、牛角挂读的李密等。

贫和富,有没有"金满籯",对孩子的未来并不是一个决定性的因素。虽然客观来讲,贫穷是学有所成的一个阻碍,但金钱对学习来说只是锦上添花。所以各位家有学童的家长们,对于自己有多少金钱根本不必挂怀,还是要把注意力放在"教"这个主题上来。

用什么教?怎么教?这是个问题,甚至是一个学科,有不少的专家和研究成果。《三字经》的作者很自负,他说,"我教子,惟一经",有这一本《三字经》就足够了!

仔细研读罢《三字经》,还真不是吹牛。这薄薄的一册,既是世界观,又是方法论,对孩子是绝佳的启蒙读物,对家长是实用的指导全书。

一经教子图

《三字经》的内容，可以分为四部分。

第一部分是关于教育本体，从"人之初，性本善"到"人不学，不知义"。内容首先是教育可行的理论基础，人性本善，但后天环境的不同会导致表现各异，如果不加教导，孩子的性格会出现负向的变化。其次是教育的主体，父母和老师作为责任人，如果养而不教、教而不严，那就要自我反省了。然后是教育的意义，"幼不学，老何为"，"人不学，不知义"。

第二部分是学习的内容，从"为人子，方少时"到"朝于斯，夕于斯"。学习并不只是狭义地指对书本知识的理解和掌握，读书之前，要先学习做人的基本道理：孝悌。之后呢，是数字的概念，以及作为基础的文化常识。这一部分文化常识用三到十的数字串联起来，相当巧妙。再然后，终于可以进入学习经典的环节了。现在很多人一说国学就言必称四书五经，殊不知只是在蒙学阶段，要见到四书五经都要先有如此多的积累。经之后，是对子的简介；子之后，则是一个大段落，用了全书近三分之一的篇幅来讲自三皇五帝至明末的历史（原书只讲到北宋，后边的内容有许多补充的版本，但以明末通行的这一版最为精到）。

第三部分是学习的榜样，从"昔仲尼，师项橐"，到"有为者，亦若是"。有家贫坚持学习的，有辛劳仍学习不辍的，有年龄虽大却不放弃学习的，有天资聪颖依然不断进步的。

第四部分再次强调学习的意义，从"犬守夜，鸡司晨"到"光于前，裕于后"，结论是，"苟不学，曷为人"，"人不学，不如物"。

结尾的这几句，其实是一个总结，学习的精髓，就是一个字：勤。有些现代的教育理论认为要寓教于乐，游戏也是一种学习。我认为不妥。少年时代只有短短几年，是人一生学习的黄金时期，必要的休息虽不可少，但切不可给孩子们以游戏的借口，那样只能使他们怠惰，白白荒废宝贵的时间。

"戒之哉"的"戒"，有两种理解：一种是要戒掉贪玩的坏习惯，另一种是通劝诫的"诫"，再一次告诉孩子们，千里之行始于足下，人生的风华几何由自己决定，要在少年时勉力学习啊！